Primera Edición 1998
First Published 1998

Nueva Guía
de Cartas Comerciales

New Guide
to Business Letters

Editorial Stanley

Escrito por / Written by
Glenn Darragh
Bachelor of Arts Trinity College

Edward R. Rosset
Member of the Bachelor of Arts
Association of Euskadi.

Revisión de estilo / Revision of style
BITEZ®

Diseño interior / Page design
Angela Gómez Martín

Maquetación / Layout
Angela Gómez Martín
Rufino Touriño Guiance

Diseño de portada / Front page design
Diseño Irunés

Editado por/Published by
Stanley

Imprime / Printers
Berekintza

© *Editorial Stanley*
Apdo. 207 - 20300 IRUN - SPAIN
Telf. (943) 64 04 12 - Fax. (943) 64 38 63

ISBN: 84-7873-338-8
Dep. Leg. BI-2431-98

First edition   1998

Introducción

A pesar de los avances surgidos en el sector de las telecomunicaciones durante los últimos años, posibilitando las conexiones telefónicas directas entre dos puntos cualesquiera del planeta, y a pesar del increíble auge de Internet, no hay señales todavía de que la era de la carta comercial esté en su recta final.

Al contrario, los arreglos comerciales concertados informalmente por teléfono, o por medio de un contacto personal, requieren casi siempre una carta formal que confirme los términos, las condiciones o los detalles.

Como tal, una carta constituye una evidencia documental del acuerdo. Y, tanto si es enviada por correo o electrónicamente, no incide en cuanto al contenido, el cual debe ser sopesado cuidadosamente y presentado de una manera muy planificada. En realidad, con la llegada del e-mail, tan sencillo y tan rápido, la necesidad de dominar el arte de escribir cartas comerciales claras y concisas es mayor que nunca.

En esta *Nueva Guía de Cartas Comerciales*, se proporcionan ochenta ejemplos de correspondencia comercial habitual, escritos con un estilo positivo, directo y cortés, destacando los diferentes aspectos del uso de términos comerciales modernos.

La carta comercial hoy en día, sobre todo en los Estados Unidos, es generalmente menos formal que su homóloga europea, pero, incluso así, sigue siendo una carta mucho más formal que una personal. Una manera, por medio de la cual, escritores tanto americanos como británicos consiguen una mayor formalidad de tono, es usando una serie de frases hechas.

Así, aunque uno se puede imaginar muy diversas situaciones en el mundo de los negocios, y el número de cartas que se refieran a ellas puede ser ilimitado, el lenguaje que se usa para expresar cualquier situación sigue siendo muy constante, con la repetición, una y otra vez, de las mismas frases: «En contestación a su carta de...», «Estaríamos muy agradecidos si...», «Esperando que...», «En cuanto al pago, tenga la bondad de...», etc.

La **Nueva Guía de Cartas Comerciales** tiene como objetivo el ayudar al estudiante de inglés a dominar estos términos y expresiones que se repiten continuamente. Estamos seguros de que una vez que lo haya hecho, será capaz de escribir cartas perfectamente comprensibles siguiendo las pautas que se dan en este libro.

Introduction

In spite of the revolution in telecommunications over recent years, with direct telephone connections now possible between any two points on earth, and in spite of the phenomenal spread of the Internet, there are no signs yet that the age of the business letter is over.

On the contrary, business arrangements made casually on the phone, or face-to-face for that matter, still almost always require a formal letter confirming terms, conditions and other details.

As such, the letter constitutes documentary evidence of the agreement. And whether it is mailed or transmitted electronically makes little difference to the content, which must still be carefully thought out and purposefully presented. In fact, with the arrival of e-mail, so easy and so fast, the need to master the art of the succinct and accurate business letter is now greater than ever.

In this *New Guide to Business Letters*, we give eighty examples of routine business correspondence, each written in a clear, direct, courteous and positive style, each highlighting different aspects of modern commercial usage.

The contemporary English business letter, particularly in the United States, is freer and generally less formal than its European counterpart, but, even so, it remains much more formal than a personal letter. One way in which American and British writers alike achieve greater formality of tone is by using a number of standard, ready-made phrases.

Thus, although any number of business situations can be imagined, and any number of letters arising from them can be written, the language used to express each situation remains remarkably constant, with certain phrases occurring again and again: "Further to your letter of...", "It would be greatly appreciated if...", "We very much look forward to...", "As regards payment, kindly...", and so on.

The **New Guide to Business Letters** aims to help the student of English to master these recurring terms and expressions. We are confident that once he has done so, he will be able to construct perfectly comprehensible letters on the pattern of the examples provided in this book.

Índice - Index

Índice - Index

Índice - Index

Nueva Guía
de Cartas Comerciales

New Guide
to Business Letters

House of Stationery

38 Monument Parade,
London SW12
Tel: 0181-842-9393 Fax: 0181-842-9294
http://www.housstat.com

Director Comercial
Zeugermann Office Supplies
Hackley Road
Wolverhampton WV 16 JXZ

15 de julio de 1999

Muy Sr. mío/ Muy Sra. mía:

Hemos leído su anuncio en el «Stationer's Gazette» de hoy y estamos muy interesados en su nueva gama de accesorios de escritorio, los cuales, en nuestra opinión, podrían complementar nuestras actuales existencias.

Por lo tanto, les rogamos nos envíen folletos sobre estos productos, así como muestras de toda su gama. Indiquen, asímismo sus mejores precios y condiciones de pago, así como sus plazos de entrega más rápidos.

Les estaríamos muy agradecidos si pudieran conceder a este asunto su mayor atención, pues esperamos hacer un pedido para el otoño.

Agradeciéndoles de antemano la atención prestada, les saluda muy atentamente,

L. Hedley (Mrs.)
pp. C.J. Kilpatrick
Director

La carta de solicitud de información debe ser concisa, concreta y clara. Comience indicando al destinatario de la carta cómo ha oído hablar de él y de sus productos. Después, solicite la información o muestras que desee. Finalmente, ofrezca un aliciente para que le respondan rápidamente.

**EXPRESIONES
ÚTILES**

☞ Acabamos de recibir la circular en la que presentan su nueva gama de productos.
☞ Nos han sido ustedes recomendados por la Cámara de Comercio de Londres y nos gustaría saber si podrían suministrarnos el siguiente equipo...
☞ La semana pasada, en la «PC EXPO» de París, tuvimos la oportunidad de ver una demostración de sus últimas impresoras color de alta velocidad.
☞ ¿Serían ustedes tan amables de facilitarnos más detalles sobre su nueva gama?

House of Stationery

38 Monument Parade,
London SW12
Tel: 0181-842-9393 Fax: 0181-842-9294
http://www/housstat.com

The Sales Director,
Zeugermann Office Supplies,
Hackley Road,
Wolverhampton WV 16 JXZ

15th July, 1999

Dear Sir / Madam,

We have seen your advertisement in the current "Stationer's Gazette" and are particularly interested in the new range of Zeugermann desk accessories, which, we believe, would complement our existing stock.

Could you, therefore, please arrange to send us your brochures on these products, as well as samples of the whole range. Also, please state your best prices, terms of payment and earliest delivery dates.

We would be grateful if you could give this matter your prompt attention, as we hope to place an order for the autumn.

Thanking you in advance,

Yours faithfully,

L. Hedley (Mrs.)
pp. C.J. Kilpatrick
Manager

The letter of enquiry should be concise, specific and clear. Begin by telling your correspondent how you have heard of him or of his product. Then, ask for the information or samples you want. Finally, offer an inducement for the reader to respond promptly.

USEFUL EXPRESSIONS

☞ We have just received your circular introducing your range of new products.

☞ You were recommended to us by the London Chamber of Commerce and we would like to know if you could supply us with the following equipment...

☞ We saw a demonstration of your latest high-speed colour printers at the Paris "PC Expo" last week.

☞ Could you please send us further details of your new range.

08/29/1999   09:45   206-430-8921   THUNDERBOLT COMPUTERS   PAGE 01

Baba S.A.

Zona Industrial Maignon
64600 Anglet, Francia

MENSAJE DE FAX

Para: International Sales,
Compañía: THUNDERBOLT COMPUTERS Inc., U.S.A.
Fax: 001 206 430 8921

De: Gilles Dupont,
Cargo: Director
Fax: 33 0559 42 46 23   Tel.:   33 0559 42 46 24

Fecha/hora: 29-08-99 / 09:45   Pág.:   1

Asunto: Solicitud de oferta

Estamos interesados en adquirir a Vds. seis ordenadores personales, pero antes de hacerles el pedido nos gustaría que nos facilitaran la siguiente información:

1. ¿Pueden ustedes enviarnos el pedido directamente a Francia?

2. ¿Tiene el período de garantía de Thunderbolt validez por un período de tres años, en cualquier parte del mundo?

3. ¿Las condiciones de venta vigentes en EE.UU. pueden aplicarse a este pedido, sobre todo en lo referente a su oferta de RAM gratis?

4. Les rogamos nos hagan llegar su oferta para el pedido siguiente, indicando los gastos de embalaje y portes, así como la fecha aproximada de la entrega:

> Cantidad: 6 - Thunderbolt Pro 350X (Torre)
>
> RAM: 256 MB
> Hard Drive: 16 GB
> VRAM: 16 MB
> Ethernet: 10 BaseT

Esperamos poder enviarle nuestro pedido por fax en cuanto recibamos su respuesta.

Atentamente,

Gilles Dupont,
Director

La mayoría de las demandas de ofertas de los clientes se hace por fax, como en el siguiente ejemplo, o por correo electrónico. Observen el uso de las preguntas directas que figuran a continuación en una lista numerada. Con esta técnica el lector puede ver a primera vista el tipo de información que está usted buscando y contestar en consecuencia.

EXPRESIONES ÚTILES

☞ Antes de pasar un pedido en firme, nos gustaría recibir algunas muestras.
☞ Quisiéramos saber la dirección de su agente o distribuidor local.
☞ Le rogamos nos indique si estos artículos pueden se enviados inmediatamente.
☞ Tengan la amabilidad de enviarnos su lista de precios actualizada así como sus condiciones de venta.

Baba S.A.

Zona Industrial Maignon
64600 Anglet, Francia

FAX MESSAGE

To:	International Sales,
Company:	THUNDERBOLT COMPUTERS Inc., U.S.A.
Fax:	001 206 430 8921

From:	Gilles Dupont,		
Charge:	Director		
Fax:	33 0559 42 46 23	Tel.:	33 0559 42 46 24

| Date/time: | 29-08-99 / 09:45 | Pag.: | 1 |

| Subject: | Request for Quotation |

We are interested in purchasing six personal computers from your organization, but have a few questions first :

1. Can you ship directly to us in France ?

2. Is the Thunderbolt warranty still good world-wide for a period of three years ?

3. Will U.S. conditions apply to this purchase, in particular as regards your offer of free RAM ?

4. Can you quote for the following configuration, indicating handling and shipping charges and approximate delivery dates :

    Quantity : 6 - Thunderbolt Pro 350X (Tower)
    RAM: 256 MB
    Hard Drive: 16 GB
    VRAM: 16 MB
    Ethernet: 10 BaseT.

We hope to be able to fax you our order on receiving your answer to this.

Regards,

Gilles Dupont,
Director

Most customer enquiries are made by fax, as in the following example, or by e-mail. Note the use of direct questions, presented in a numbered list. This technique permits the reader to see at a glance exactly what type of information you are seeking, and to answer accordingly.

USEFUL EXPRESSIONS

☞ Before placing a firm order, we would like to receive some samples.

☞ Could you let us have the address of a local agent or distributor.

☞ Please let us know if these items can be shipped immediately.

☞ Kindly send us your current price list as well as your terms of sale.

Ford Construction Co.

5 Stokeston Road,
London NE5 ZB7

**Aluminium Installations Co. Ltd.
38 Fenton Street,
Birmingham B21 9XT**

28 de noviembre de 1998

Muy Sres. míos:

En relación con su anuncio del 16 de noviembre en el «Builder's Journal», les agradeceríamos nos enviaran información sobre su gama completa de marcos de aluminio para ventanas. Les rogamos asimismo nos indiquen las condiciones de pago así como los descuentos eventuales para grandes pedidos y compras habituales.

Como contratistas de construcción establecidos desde hace muchos años, construimos unas 500 casas al año. En estos momentos estamos negociando la construcción de doce bloques de viviendas de 15 pisos de altura en el área de Birmingham. Por lo tanto, es muy probable que nuestras necesidades anuales para el tipo de marcos de ventanas que ustedes fabrican vayan en aumento.

Si su material es de buena calidad, si sus precios son competitivos y si pueden garantizar una entrega rápida, podríamos pasarles importantes pedidos.

Esperando tener noticias suyas en breve, les saluda atentamente,

Nicolas Hood

Cuando un cliente potencial se dirige por primera vez a un proveedor, suele resultar útil proporcionar alguna información sobre su propia empresa. Esto puede contribuir, como en la siguiente carta, a animar al proveedor a ofrecerle las mejores condiciones posibles.

EXPRESIONES ÚTILES

☞ Acabamos de abrir 20 nuevos puntos de venta en todo el Reino Unido.

☞ Tenemos la intención de lanzar una nueva línea de accesorios de cocina en primavera.

☞ Llevamos más de cincuenta años comerciando con este tipo de productos.

☞ Como nuestro propósito es cambiar de proveedores, estamos actualmente buscando un sustituto apropiado.

☞ Estamos especializados en la importación y distribución de este tipo de productos.

Ford Construction Co.

5 Stokeston Road,
London NE5 ZB7

Aluminium Installations Co. Ltd.
38 Fenton Street,
Birmingham B21 9XT

28th November, 1998

Dear Sirs,

With regard to your advertisement in the "Builder's Journal" of 16th November, we would be grateful if you could send us details of your full range of aluminium window frames. Will you please also indicate your terms of payment, along with details of discounts for regular purchases and large orders.

As well-established building contractors, we erect about 500 houses a year. We are currently involved in negotiations for the construction of twelve 15-storey blocks of flats in the Birmingham area. Consequently, our annual requirements for window frames of the type you manufacture are likely to increase.

If your equipment is of good quality, if your prices are competitive, and if you can guarantee prompt delivery, we may be able to place substantial orders with you.

We look forward to hearing from you shortly.

Yours faithfully,

Nicolas Hood

When a potential customer approaches a supplier for the first time, it is often helpful to give some information about his own business. This may be, as in the following letter, to encourage the supplier to offer him the best possible terms.

USEFUL EXPRESSIONS

☞ We have recently set up twenty new sales outlets throughout the United Kingdom.
☞ We intend to launch a new line of kitchen furnishings in the spring.
☞ We have been dealing in this type of product for more than fifty years.
☞ As it is our intention to change suppliers, we are currently looking for a suitable replacement.
☞ We specialize in importing and distributing this kind of product.

Deep sea services Inc.

Suite 2A, Henderson Bldg.,
Elmswood Ave. Houston TX, USA

Steel Accesorries Ltd.
13 Crescent Grove,
London NW3, J24
United Kingdom
Atención: Graham Plunkett,
Director Comercial

11 de noviembre de 1998   **URGENTE**

Estimado Graham:

Necesitamos urgentemente lo siguiente:

- 20 conexiones de 3,5 pulg. x 9,2 libras/pies, L80
- 15 conexiones de 2,8 pulg. x 6,4 libras/pies, L80.

Te agradeceré que a vuelta de correo me indiques los precios y si hay existencias, teniendo en cuenta que una entrega rápida es de suma importancia.

Saludos,

Craig Brown

Las solicitudes de oferta de los clientes habituales son generalmente cortas y sencillas, y se hacen muchas veces por teléfono o por fax. La carta siguiente, por ejemplo, podía haberse enviado por fax, sobre todo porque el redactor mantiene un contacto personal con la compañía del proveedor. (Observen el saludo y la despedida poco formales).

EXPRESIONES ÚTILES

☞ Les rogamos nos indiquen sus mejores precios para la exportación, las condiciones de pago y la fecha más rápida de entrega para el extranjero.
☞ Tengan la amabilidad de enviarnos un ejemplar de su catálogo actualizado así como sus listas de precios.
☞ Adjunto encontrarán una descripción detallada de los modelos que necesitamos.
☞ Les agradeceríamos nos enviaran esta información lo antes posible.
☞ Les damos las gracias por anticipado.

Deep sea services Inc.

Suite 2A, Henderson Bldg.,
Elmswood Ave. Houston TX, USA

Steel Accesorries Ltd.
13 Crescent Grove,
London NW3, J24
United Kingdom
Attn: Graham Plunkett,
Commercial Manager

November 11, 1998   **URGENT**

Dear Graham,

We have an urgent request for:

- 20 pcs   couplings   3 1/2" x 9.2 lbs/ft, L80
- 15 pcs   couplings   2 7/8" x 6.4 lbs/ft, L80.

Please advise price and availability by return, bearing in mind that prompt delivery is the most important factor.

Best regards,

Craig Brown

Enquiries from customers of long-standing are usually short and simple - indeed, often they are made by phone or fax. The following letter, for example, could just as easily have been faxed, especially since the writer has a personal contact in the supplier's company. (Note the informal greeting and ending).

USEFUL EXPRESSIONS

☞ Please state your best export prices, terms of payment and earliest date for overseas delivery.

☞ Can you let us have a copy of your latest catalogue and price list.

☞ Attached is a detailed description of the models we need.

☞ Kindly let us have this information as soon as you possibly can.

☞ Thanks in advance.

Greenly Bros.

18 Cqhesholm Rd
London N17 ZB2

**Agencia de Empleo Temporal
Cartwright
Commonwealth Tower 234
The Docks, Londres SEA4 XY3**

3 de mayo de 1999

Muy Sres. míos:

Solicitud de oferta - Fecha de cierre de la oferta: 9 de mayo de 1998.

Debido a La fuerte demanda estacional, necesitamos urgentemente 40 empleados temporales para los siguientes puestos de
trabajo:

- 2 supervisores Q.C.
- 2 conductores de furgoneta
- 3 ayudantes logísticos
- 1 auxiliar administrativo
- 32 recogedores de verduras

Les rogamos nos remitan su oferta en dos partes:

• En la primera parte, indicarán el precio total por puesto de
trabajo(p. ej. una cantidad global para 2 supervisores Q.C.)
más el total general.

• En la segunda parte, indicarán el desglose detallado de los
costos de cada uno de los 40 puestos.

Asimismo, sírvanse indicarnos si esperan ustedes tener algún
problema para conseguir los solicitantes adecuados en las fechas señaladas. El detalle sobre los trabajos - fechas probables
de inicio, cualificaciones profesionales requeridas, salarios ofre-
cidos y otros costos - va incluido en la hoja adjunta.

Atentamente,

Mark Woodbridge
Jefe de Personal

Anexo: 1 Documento

Siempre que sea posi-
ble, use listas con san-
grías y viñetas para
una mayor claridad.
En la carta siguiente
podemos ver dos ejem-
plos. Observen asimis-
mo el uso de los espa-
cios en blanco para
separar los bloques de
información.

Greenly Bros.

18 Chesholm Rd
London N17 ZB2

**Cartwright
Recruitment Agency
Commonwealth Tower 234,
The Docks, London SE4 XY3**

3rd May 1999

Dear Sirs,

Request for Quotation - Bid closing date : 9th May 1998

Due to heavy seasonal activity, we urgently need to recruit 40 temporary employees for the following positions :

- 2 Q.C. supervisors
- 2 van drivers
- 3 logistics assistants
- 1 administrative assistant
- 32 vegetable pickers

Please send us a quotation in two parts:

• Part One, giving a lump sum price per position (i.e. a lump sum for 2 Q.C. supervisors) plus the overall total .

• Part Two, giving a detailed breakdown of costs for each of the 40 positions.

Also, kindly indicate if you expect to encounter any problems finding suitable applicants by the dates specified. Details of the jobs - proposed starting dates, qualifications required, expected salary, etc. - and other costs are given in the attachment.

Yours faithfully,

Mark Woodbridge
Head of Personnel

enc: Attachment 1.

Whenever possible, use indented lists and bullet points for greater clarity. The following letter provides examples of both. Note also the use of blank space to separate blocks of information.

Aluminium Installations Co. Ltd.

38 Fenton Street,
Birmingham B21 9XT
Tel: 748.3921 Fax: 748.3923

Mr. N. Hood
Dep. de Compras
Ford Construction Co.
5 Stokeston Road,
Londres NE5 ZB7

1 de diciembre de 1998

Estimado Sr. Hood:

Le agradezco su carta del 28 de noviembre de 1998 y el interés que demuestra por nuestros productos. Tenemos el gusto de informarle que tenemos actualmente en existencia todos los tamaños de marcos de ventanas Sealfast.

Adjunto encontrará:

• Nuestro último catálogo, en cuya última sección podrá Vd. encontrar las características técnicas de toda nuestra gama de productos.

• Una copia del artículo sobre nuestros productos que apareció en el número de agosto de la revista «Construction Telegraph».

• Detalles sobre nuestras condiciones de pago.

Podemos garantizar la entrega en Londres a los cuatro días de recibir sus instrucciones, y a los dos días en el área de Birmingham.

En lo que se refiere a descuentos por grandes pedidos, tendríamos mucho gusto en hablar del asunto si nos diera una indicación sobre la cuantía de sus pedidos.

En espera de recibir noticias suyas, y asegurándoles que todos sus pedidos recibirán nuestra inmediata atención, le saluda muy atentamente,

Peter Watkins
Subdirector

Esta carta es una respuesta rutinaria a la solicitud de información de la carta 1.3 y está redactada en un formato estándar. En primer lugar, agradezca al que escribe. Después, proporcione toda la información solicitada, refiriéndose a cualquier anexo o muestra. Proporcione cualquier otra información relevante, aunque no se la pidan. Finalmente, concluya animando al cliente a pasar pedido sin demora.

EXPRESIONES ÚTILES

▣ Agradecemos su solicitud de oferta sobre los equipos que fabricamos.

▣ Tenemos el gusto de remitirles nuestra oferta para los artículos que figuran en su lista.

▣ Podemos ofrecerles una amplia gama de artículos a precios competitivos.

▣ Les enviamos un ejemplar de nuestro último catálogo ilustrado así como nuestra lista de precios.

Aluminium Installations Co. Ltd.

38 Fenton Street,
Birmingham B21 9XT
Tel: 748.3921 Fax: 748.3923

Mr. N. Hood,
Purchasing Dept.,
Ford Construction Co.,
5 Stokeston Road,
London NE5 ZB7

1ˢᵗ December 1998

Dear Mr. Hood,

Thank you for your letter of 28ᵗʰ November 1998 and for the interest you express in our products. We are glad to inform you that all sizes of our Sealfast aluminium window frames are currently in stock.

We enclose:

• our latest catalogue, in the last section of which you will find the technical specifications of our full range of products.

• a copy of the report on our products which appeared in the August issue of "Construction Telegraph".

• details of our terms of payment.

We can guarantee delivery in London within 4 days of receiving your instructions, and, in the Birmingham area, within 2 days.

As regards discount for large offers, we would be happy to discuss the matter if you could give us an indication of how large your orders are likely to be.

We look forward to hearing from you, and assure you that your orders will receive our immediate attention.

Yours sincerely,

Peter Watkins
Asst. Manager

This letter, a routine reply to the enquiry in 1.3, follows a standard format. First, thank the writer. Then, supply all the information requested, referring to any enclosures or samples. Give any other relevant information, even if unrequested. Finally, conclude by encouraging the customer to place his order without delay.

USEFUL EXPRESSIONS

☞ Thank you for your inquiry about the equipment we manufacture.

☞ We have pleasure in submitting our quotation for the items you listed.

☞ We can offer a wide range of articles at competitive prices.

☞ We are sending you a copy of our latest fully illustrated catalogue and price list.

Zeugermann Office Supplies

128-134 Hackley Road,
Wolverhampton WV 16JXZ
Tel: 832.9981 Fax: 832.8747

Mr. C.J. Kilpatrick
House of Stationary
38 Monument Parade
Londres SW 12

18 de julio de 1999

Estimado Sr. Kilpatrick:

Le agradezco su solicitud de oferta del 15 de julio de 1999 sobre nuestra nueva gama de accesorios de escritorio.

Tenemos el gusto de informarles que las muestras que solicitaron han sido enviadas hoy mismo por mensajero. Asimismo, por correo aparte, les enviamos nuestro último catálogo y lista de precios, así como nuestras condiciones de pago.

Como la nueva gama de accesorios de escritorio Zeugermann está teniendo un gran éxito, les rogaríamos que devolvieran las muestras antes de una semana, para poder satisfacer las necesidades de otros clientes. El éxito de estos artículos ha sido tal que les aconsejaría pasar el pedido lo antes posible si desean evitar posibles retrasos en las entregas.

Si precisan ustedes más información, o si desean que nuestro representante de la zona pase a visitarles, no duden en comunicármelo.

Atentamente,

Arthur N. Ferguson
Director Comercial

La siguiente carta es una contestación a la 1.1, en la que solicitan folletos y muestras. Se observará que la persona que la escribe nunca pierde de vista el propósito de su respuesta: convencer al cliente para que tome una decisión inmediata y pase inmediatamente pedido.

EXPRESIONES ÚTILES

☞ Hemos solicitado a nuestro representante local, el Sr. Norman Montgomery, que se ponga en contacto con ustedes para darles más información sobre nuestros productos y servicio posventa.

☞ Quisiéramos llamar su atención sobre los descuentos especiales en ciertos artículos y también para los grandes pedidos.

☞ Quedamos a la espera de recibir su pedido.

Zeugermann Office Supplies,

128-134 Hackley Road,
Wolverhampton WV 16JXZ
Tel: 832.9981 Fax: 832.8747

**Mr. C.J. Kilpatrick,
House of Stationery,
38 Monument Parade,
London SW 12**

18th July 1999

Dear Mr. Kilpatrick,

Thank you for your enquiry of 15th July 1999 concerning our new range of desk accessories.

We are pleased to inform you that the samples you requested will be despatched by courier today. Also, under separate cover, we are sending you our latest catalogue and price list, as well as our terms of payment.

As the new range of Zeugermann desk accessories is already proving extremely successful, we would request that you return the samples after not more than one week, so that we may satisfy the requirements of other customers. Indeed, the popularity of these items is such that we would urge you to place an order promptly if you wish to avoid possible delays in delivery.

Should you require any further information, of if you would like our area sales representative to call on you, please do not hesitate to contact me.

Yours sincerely,

Arthur N. Ferguson
Sales Manager

The following letter is in reply to 1.1, requesting brochures and samples. The writer, it will be observed, never loses sight of the purpose of his reply: to persuade the customer to make an immediate decision and to place an order now.

USEFUL EXPRESSIONS

☞ We have asked our local representative, Mr. Norman Montgomery, to contact you to tell you more about our products and after-sales service.
☞ We would draw your attention to the discounts currently on offer on certain items and also on large orders.
☞ We look forward to receiving your order

Rom.com International

4400 Pinewood Drive, Dickinson, Texas 77539
Tel: (281) 534-4722 Fax: (281) 534-6210
http://www.minotaur.com

Mary-Jo Philpott
454 S. Lamar Blvd,
Austin, TX 78745
(512) 892-9040

9 de junio de 1999

Estimada Sra. Philpott:

Le agradezco su carta del 6.3.99 y su interés en ROM.COM Internacional. Nos complace que encuentren nuestros productos tan útiles en sus aulas.

Sin embargo, lamentamos decir que no organizamos visitas a nuestra fábrica. Por otra parte, tenemos comerciales que están dispuestos a visitar instituciones como la suya. Nuestro representante tendría mucho gusto en contestar a todas las preguntas planteadas en su carta sobre el proceso de producción, así como sobre una amplia gama de temas referentes a nuestros CD-ROMs. Las anteriores presentaciones a estudiantes de bachillerato han tenido un éxito considerable.

Incluyo un folleto que explica este programa, en el que figuran las fechas disponibles en su zona. Si están ustedes interesados, les ruego me llamen al (281) 534-6288 durante las horas de oficina. Podré responder a cualquier duda que puedan tener y ponerles en contacto con la persona que coordina las visitas.

Una vez más, gracias por su interés en ROM.COM International.

Muy atentamente,

John F. Turentino
Director de Relaciones Públicas

Si no puede satisfacer la demanda de un cliente, dígalo, pero, si es posible, proponga una alternativa.

En el caso siguiente, un fabricante de software educativo distribuido en CD-Rom ha recibido la solicitud por parte de una profesora de Instituto para que una clase visite la fábrica. El Director de Relaciones Públicas de la compañía rechaza la petición pero sugiere una solución alternativa.

Rom.com International

4400 Pinewood Drive, Dickinson, Texas 77539
Tel: (281) 534-4722 Fax: (281) 534-6210
http://www.minotaur.com

**Mary-Jo Philpott,
454 S. Lamar Blvd,
Austin, TX 78745
(512) 892-9040**

June 9, 1999

Dear Ms. Philpott,

Thank you for your letter of 6/3/99 and for your interest in ROM.COM International. We are delighted you find our products so useful in your classroom.

We are sorry to say, however, that we do not provide tours of our manufacturing facility. On the other hand, we do have sales representatives who are available on request to make field visits to institutions such as yours. Our representatives would be more than happy to answer the type of questions you mentioned in your letter. In fact, they are able to answer questions on the entire production process, as well as on a wide range of topics covered by our CD-ROMs. Previous presentations to high school students have met with considerable success.

I enclose a brochure explaining this program, including availability dates for your part of the country. If you are interested, give me a call at (281) 534-6288 during work hours. I can then answer any other questions you have and put you in touch with the person who coordinates field visits.

Again, thanks for your interest in ROM.COM International.

Sincerely,

John F. Turentino
Public Relations Officer

If you cannot satisfy a customer's request, say so, but, if possible, propose an alternative. In the following case, a manufacturer of educational software, distributed on CD-ROM, has received an enquiry from a high school teacher concerning the possibility of a class visit to the factory. The company's P.R. officer answers, refusing the request but suggesting a compromise solution.

Steel Accessories Ltd.

13 Crescent Grove,
London NW3 J24,
United Kingdom

Deap Seas Inc.
Suite 2A, Henderson Bldg,
Elmswood Ave.,
Houston TX, USA
Atención: Craig Brown

12 de noviembre de 1998   **URGENTE**

Cotización DSS/235-98/gd

Estimado Craig:

Agradezco tu fax del 11.11.98 en el que solicitas una oferta. Dada la urgencia de esta petición, podemos ofrecer dos soluciones. (Todos los precios son CIF Houston).

(1) *Entrega del almacén*
Las conexiones se sirven pre-embaladas en cajas de 6.
De este modo:
Artículo 1: 20 conexiones de 3,5 pulgadas x 9,2 libras/pies, L80 275 dólares/pieza
Artículo 2: 15 conexiones de 2,8 pulgadas x 6,4 libras/pies, L80 225 dólares/pieza.
Se podrían enviar por flete aéreo mañana (día 13) si su respuesta me llega antes de las 7 de la tarde de hoy. El pago será contra reembolso.

(2) *Entrega ex-fábrica*
Ex-fábrica: 51 semanas + 3 semanas de transporte por barco o 3 días de transporte por avión.
Artículo 1: Barco: 165 dólares /pieza
Avión: 200 dólares/pieza.
Artículo 2: Barco: 110 dólares/pieza
Avión: 150 dólares/pieza.
Pago = 30 días fecha de factura.
Validez de esta oferta (2) = 16.11.98.

Te ruego me indiques cual de estas dos soluciones te conviene más.

Saludos,

Graham Plunkett

La oferta siguiente es una respuesta a la solicitud expresada en la carta 1.4. En este tipo de carta, que contiene mucha información, un diseño y un formato muy cuidadosos son imprescindibles para conseguir claridad y evitar confusiones que pueden resultar a la larga muy caras. Observen el uso de notas taquigráficas y frases compactas, para que el significado de la carta quede bien definido.

Steel Accessories Ltd.,

13 Crescent Grove,
London NW3 J24,
United Kingdom

Deep Seas Inc.
Suite 2A, Henderson Bldg.,
Elmswood Ave.,
Houston TX, USA
Attn: Craig Brown

12th November 1998   **URGENT**

Quotation DSS/235-98/gd

Dear Craig,

Thank you for your fax enquiry of 11-11-98. Given the urgency of this request, we can offer two solutions. (All prices are quoted C&F Houston).

(1) *Delivery ex-stock*
     Couplings come pre-packed in boxes of 6 each. Thus:
     Item 1: 20 couplings 3.1/2" x 9.2 lbs/ft,   L80 US$ 275 / pc.
     Item 2: 15 couplings 2.7/8" x 6.4 lbs/ft,   L80 US$ 225 / pc.
     They could be air-freighted tomorrow (13th) if your answer reaches me by 7 p.m. today. Payment to be C.O.D.

(2) *Delivery ex-works*
     Ex-works week 51 + 3 weeks seafreight or 3 days airfreight.
     Item 1:   Sea: US$ 165 / pc   Air: US$ 200 / pc.
     Item 2:   Sea: US$ 110 / pc   Air: US$ 150 / pc.
     Payment = 30 days from the date of the invoice.
     Validity of this offer (2) = 16/11/98.

Please let me know which, if either, of these solutions meets with your approval.

Best regards,

Graham Plunkett

The following quotation is in reply to the enquiry made in 1.4. In this kind of letter, which has a high information content, careful layout and formatting are the best ways of achieving clarity - and of avoiding potentially expensive confusions. Note the use of shorthand devices and compact sentences, again to keep the meaning sharply defined.

Steel Accessories Ltd.

13 Crescent Grove,
London NW3 J24,
United Kingdom

Sr. Álvarez, Director
Bidasoa S.A.
Las Palmeras, 10
20080 San Sebastián, España

14 de julio de 1998   Nuestra ref: JS/58-07/gd

Estimado Sr. Álvarez:

*Asunto: Su solicitud de oferta BIS127/E300498
Fecha de cierre: 20/05/98*

Agradecemos su solicitud de oferta de 450 tubos de PVC. Desgraciadamente, en esta ocasión no podemos presentarle ninguna oferta, pues estos artículos no entran dentro de nuestra gama de producción. (Fabricamos únicamente conexiones y accesorios de acero).

Sin embargo, adjunto encontrarán información general sobre nuestra compañía, así como las hojas de características detalladas de nuestros productos. De este modo podrán Vds. volver a tomar contacto con nosotros cuando sus necesidades entren dentro de nuestras líneas de fabricación.

Agradecemos una vez más el interés que nos han prestado, esperando poder serles de utilidad en el futuro.

Sin otro particular, le saluda atentamente,

John Smith
Director Comercial

Esta carta es la respuesta a una solicitud de oferta hecha por un cliente potencial desconocido. Bidasoa S.A., una compañía comercial, ha enviado por equivocación a Steel Accessories Ltd. una solicitud de oferta a la que esta última no puede responder. Sin embargo, el Director Comercial de Steel Accessories contesta señalando el error pero teniendo mucho cuidado de no cerrar las puertas a una posible entrada en el mercado español.

EXPRESIONES ÚTILES

☞ Esperamos tener el agrado de establecer relaciones comerciales con ustedes en un futuro próximo.

☞ Esperamos tener en breve noticias suyas, con la seguridad de que sus pedidos serán servidos con prontitud.

Steel Accessories Ltd.,

13 Crescent Grove,
London NW3 J24,
United Kingdom

Sr. Alvarez, Director
Bidasoa S.A.,
Las Palmeras, 10
20080 San Sebastian, Spain

14ᵗʰ July 1998   Our ref: JS / 58-07 / gd

This is the reply to an enquiry made by an unknown, potential customer. Bidasoa S.A., a trading company, has mistakenly sent Steel Accessories Ltd. an enquiry which the latter are unable to bid for. Nevertheless, the Commercial Manager of Steel Accessories replies, pointing out the error but careful not to shut the door on a possible entry to the Spanish market.

Dear Mr Alvarez,

Subject: Your enquiry BIS127/E300498
Closing Date: 20/05/98

Thank you for your enquiry concerning 450 PVC pipes. Regretfully, we are unable to quote in this instance as the items you require are outside our range of manufacture. (We make steel fittings and accessories only).

Enclosed, however, you will find some general information regarding our company, as well as detailed specification sheets for our products. These will enable you to contact us, should a more suitable occasion arise.

Again, we thank you for the interest you have expressed in our company and our products and look forward to being of service to you in the future.

Yours truly,

John Smith
Commercial Manager

USEFUL EXPRESSIONS

☞ We look forward to the pleasure of doing business with you in the future.
☞ We hope to hear from you shortly and can assure you that your orders will be dealt with promptly.

Ballybooks Ltd.

Hefton Hill Business Park
Plymouth PL8 9GA
United Kingdom
Tel : 840-6283 — Fax : 840-6287

Sra. Gómez
Librería Multilingüe
Calle de la Paz 20
Barcelona 08006

12 de agosto de 1999

Estimada Sra. Gómez

Le escribo para preguntarle si le interesaría tener en existencia nuestra nueva serie de libros de texto en inglés «Business From Scratch».

Como verá en el folleto adjunto, cada uno de los 4 libros que comprende la serie va acompañado de un vídeo de 30 minutos y de dos audio-cassettes de 90 minutos. El curso, que tiene muy en cuenta la «revolución informativa» y las últimas innovaciones en telecomunicaciones, está diseñado para satisfacer las necesidades de los estudiantes de inglés a nivel elemental e intermedio, con un enfoque muy especial en el lenguaje comercial.

Si está usted interesada, sírvase rellenar el impreso que va incluido en el folleto y devolverlo a Ballybooks Ltd. antes del 30 de septiembre. Le enviaremos entonces algunas copias de muestra para que pueda examinar con toda comodidad «Business From Scratch». También puede llamarme por teléfono o enviarme un fax para que pueda concertar una visita con uno de nuestros representantes en el extranjero.

Esperando tener muy pronto noticias suyas, le saluda atentamente,

Alan McHugh
Director Comercial

El propósito de una carta de ventas es siempre el de lanzar un nuevo producto o servicio. A este respecto, se parece mucho al mailing. Sin embargo, suele ser más personal que el mailing - el que escribe la carta y el que la recibe ya se conocen y han realizado transacciones comerciales - y también es menos enfática.

Ballybooks Ltd.

Hefton Hill Business Park
Plymouth PL8 9GA
United Kingdom
Tel : 840-6283 — Fax : 840-6287

Sra. Gómez
Librería Multilingüe
Calle de la Paz, 20
Barcelona 08006

12th August 1999

Dear Sra. Gomez,

I am writing to you to enquire whether you would be interested in stocking our new series of "Business From Scratch" English language textbooks.

As you will see from the enclosed brochure, each of the 4 books comprising the series is accompanied by a 30-minute video and two 90-minute audio cassettes. The course, which takes full account of the "information revolution" and the latest developments in telecommunications, is designed to meet the needs of elementary to intermediate level students of English, with an overriding interest in the language of commerce.

If you are interested, you will find a reply coupon inside the brochure, to be completed and returned to Ballybooks Ltd. by 30th September. We will then send you some specimen copies to give you a chance to examine "Business From Scratch" at your leisure. Alternatively, please phone or fax me so that I may arrange a visit from one of our overseas sales representative.

I look forward to hearing from you.

Yours sincerely,

Alan McHugh
Sales Manager

The purpose of the sales letter is invariably to launch a new product or service. In this respect, it resembles the mailshot or mailing. Generally speaking, however, the sales letter is more personal than the mailshot — writer and reader already know each other, or have already done business — and also less emphatic.

ELECTROLINE S.A.

Calle Easo, 34
20.302 Irún, España

GERIGHTY ELECTRICS LTD
69 Bromley Avenue
Stillbridge AL95ES
Inglaterra

20 Diciembre 1998

Estimado Sr. Gerighty:

Pilas Drycell Phase-One

Debido a la modernización de nuestra planta principal y a la consiguiente mejora de los métodos de producción, podemos ya ofrecerles nuestra gama de pilas monofásicas a precios reducidos para grandes pedidos.

Adjunto la lista de los nuevos precios, en la que podrán comprobar que el promedio de reducción es del 5%. Como nuestros precios son CIF Stillbridge, estarán ustedes de acuerdo que son considerablemente más bajos que los de los fabricantes de pilas similares, tanto de Francia como de cualquier otro país.

La calidad de nuestros productos permanece inalterada, ya que utilizamos únicamente productos químicos de primera calidad. Los nuevos precios son para pedidos mínimos de 2.000 euros y están vigentes desde el 1 de enero. Garantizamos un envío inmediato, pues tenemos amplias existencias.

Agradecemos su colaboración en el pasado, y esperamos suministrarle en el futuro nuestros productos con los nuevos precios.

Atentamente

Por ELECTROLINE S.A.
Jean-Marie Leclanche

Como el objetivo de una carta de ventas es el «enganchar» al destinatario, suele ser necesario ofrecer un cebo apropiado, que puede ser una muestra gratuita, un regalo a cambio de una respuesta rápida, unas condiciones de pago especiales, un descuento en el precio ó una invitación a una feria comercial o exposición.

EXPRESIONES ÚTILES

☞ Estamos dispuestos a concederles un descuento del 5% en todos los pedidos que se reciban antes del 30 de septiembre.

☞ Podemos ofrecerles un descuento de introducción del 10% sobre los precios de catálogo.

☞ Proporcionamos asistencia técnica las 24 horas del día.

☞ Todos estos artículos llevan nuestra garantía habitual de dos años.

ELECTROLINE S.A.

Calle Easo, 34
20.302 Irún, España

GERIGHTY ELECTRICS LTD.
69 Bromley Avenue
Stillbridge AL9 5ES
England

20th December 1998

Dear Mr. Gerighty,

Drycell Phase-One Batteries

Due to modernisation of our main plant and to consequent improved methods of production, we can now offer you our range of Phase-One batteries at a reduced price for large orders.

Details of the new prices for your market are enclosed, and you will see that the average price reduction is 5%. As our prices are quoted CIF Stillbridge, you will agree that they are considerably lower than those of manufacturers of similar batteries, both in France and elsewhere.

The quality of our products remains the same — only the finest chemicals are used. The new prices are for minimum orders of euros 2,000, and are effective as from 1 January. Immediate despatch is guaranteed, and we hold ample stocks.

We appreciate your past custom, and look forward to supplying you in the new year at the new prices.

Yours faithfully,

for ELECTROLINE S.A.
Jean-Marie Leclanche

The aim of the sales letter being to "hook" the reader, it is often necessary to offer an appropriate bait. This may take the form of a free sample, a gift for a fast reply, special terms of payment, a price discount or an invitation at a trade fair or exhibition.

USEFUL EXPRESSIONS

☞ We are willing to grant a 5% discount on all orders received before 30th September.
☞ We can offer you an introductory discount of 10% on the catalogue prices.
☞ We provide 24-hour a day technical support.
☞ All of these items carry our usual 2-year guarantee.

Sommerswell Internet Solutions

Natsby Road, Sellsford,
Louth, Lincolnshire, LN117JD, U.K.
Tel : +44 (0) 1439 828816
sis@sinser.thrust.co.uk

Mr L. Flint, Director
L/F Technologies
Barrow Close
Dorchester, Dorset

29 de noviembre de 1998

Estimado Sr. Flint:

Ahora más que nunca, las empresas como la suya necesitan introducirse en nuevos mercados. Afortunadamente, gracias a Internet y a los conocimientos técnicos de Sommerswell Internet Solutions, que llegan a clientes potenciales de todo el mundo, nunca ha sido tan fácil.

Con la ayuda de S.I.S., su empresa podrá transmitir fotos, textos, audio y vídeo al mundo entero a la velocidad de la luz, y por el precio de una llamada local. Sus clientes, cualquiera que sea el lugar donde estén, podrán consultar su catálogo y ver sus productos directamente en las pantallas de sus ordenadores personales, y hacer sus pedidos al momento.

Una mayor comodidad para sus clientes y menos gastos de viajes para sus representantes, son sólo dos de las muchas oportunidades que le ofrece S.I.S. Como podrán comprobar por el folleto adjunto, tenemos ya una amplia experiencia en este ámbito de rápido desarrollo, habiendo ayudado a numerosas compañías de primera línea a insertar sus espacios en Internet. La mayoría de estas compañías han visto aumentar en un 300% el número de demandas de información simplemente por estar presentes en la Web.

Si desean saber algo más sobre nuestra empresa y sobre la manera de ayudarles, sírvanse rellenar y enviarnos el cupón-respuesta adjunto.

Muy atentamente

Alfred Hendley
Director Comercial

Anexo: 1 folleto

El objetivo del mailing es contactar con todos los clientes potenciales posibles con un mensaje bien definido. Debe ser lo suficientemente largo como para atraer la atención del cliente, pero no demasiado largo, ya que no lo leerían. Se debe intentar personalizar el mensaje, bien sea usando el nombre del destinatario si se conoce, o bien un sucedáneo, como por ejemplo «Apreciado cliente», «Estimado suscriptor», «Estimado Director».

Sommerswell Internet Solutions

Natsby Road, Sellsford,
Louth, Lincolnshire, LN117JD, U.K.
Tel : +44 (0) 1439 828816
sis@sinser.thrust.co.uk

**Mr. L. Flint, Director,
L/F Technologies,
Barrow Close,
Dorchester, Dorset**

29th November 1998

Dear Mr. Flint,

Now more than ever, companies like yours need to break into new markets. Fortunately, thanks to the Internet and to the expertise of Sommerswell Internet Solutions, reaching out to potential customers around the world, has never been easier.

Aided by S.I.S., your business will be able to transmit pictures, text, audio and video around the globe at the speed of light - for the price of a local telephone call. Your clients, no matter where they are, will be able to consult your catalogue and to see your products directly on their PC screens, and to place their orders instantly.

Greater convenience for your customers and fewer expensive business trips for your representatives are only two of the many opportunities S.I.S. can offer. As you will see from the accompanying brochure, we already have wide experience in this rapidly developing field, having helped numerous leading companies set up their Internet sites. Most of these companies, by simply being present on the Web, have seen a 300% increase in the number of requests for information they receive.

If you would like to learn more about us and how we can help you, please complete and return the reply-paid coupon.

Yours sincerely,

Alfred Hendley,
Marketing Manager

Enc. 1 brochure

The aim of a mailshot or mailing is to contact as many prospective customers as possible with a well-targeted message. It must be long enough to capture the reader's attention, but not too long – otherwise it won't be read. An attempt shall be made to personalise the message, either by using the addressee's name, if known, or, if not, a substitute like "Dear customer", "Dear Subscriber", "Dear Company Manager.

Robert Stevens & Sons

22-26 The Arcade,
London SE6 Z42

Mr. Johnson, Director General
Hotel Excelsior
Old Church Road
Londres NE13 K51

6 de junio de 1998

Estimado Sr. Johnson:

Invitación a la presentación de una Nueva Línea de Productos

Tenemos mucho gusto en presentarle una nueva colección de tresillos de lujo: «Los Naturales». Todos están fabricados con tejidos naturales (algodón, lino, seda, cuero) y están cosidos a mano en texturas delicadas y colores suaves. Con un diseño atrevidamente innovador, y sin embargo ergonómico, creemos que «Los Naturales» serán *hoy* los clásicos de mañana.

Para que vea y opine por sí mismo, estamos organizando una exposición exclusiva de un día, la cual tendrá lugar en nuestra sala de exposiciones el 15 de julio de 1998, únicamente para nuestros mejores clientes. Ese día le ofreceremos un 15% de descuento en todas las compras de la nueva gama.

Si le fuera imposible asistir, tendremos mucho gusto en enviar a alguno de nuestros representantes para que les haga una visita con muestras de las tapicerías de los nuevos productos. De todos modos esperamos tener la oportunidad de saludarle personalmente el 15 de julio.

Atentamente,

Robert G. Stevens
Director Comercial

Una buena carta de ventas convence al que la recibe no sólo porque el producto que se vende es especial (por el tono enfático y el uso de adjetivos como «natural», «innovador», «primera calidad», «de moda»), sino que además se concede al destinatario un trato especial.

EXPRESIONES ÚTILES

☞ Hemos decidido ofrecer a nuestros mejores clientes las ventajas que detallamos a continuación.

☞ Tenemos mucho gusto en enviarle muestras de nuestros últimos diseños.

☞ Con nuestro nuevo servicio podrá reducir los costes y multiplicar la eficacia.

☞ Ofrecemos desde ahora un servicio más amplio...

Robert Stevens & Sons

22-26 The Arcade,
London SE6 Z42

Mr. R. Johnson, General
Manager
Excelsior Hotel,
Old Church Road,
London NE13 K51

6th June 1998

Dear"Mr. Johnson,

New Product Line - Invitation

We are delighted to introduce a new collection of luxury suites - "The Naturals". All are made of natural fabric (cotton, linen, silk, leather); and all are hand-sewn in smooth textures and soft colours. With their boldly innovative yet ergonomical design, we believe that "The Naturals" will become tomorrow's classic today !

To enable you to see and judge for yourself, we are organizing an exclusive one-day exhibition, to be held at our showroom on 15th July 1998, for our best customers only. For that one day, we shall be offering a 15% rebate on all purchases of the new range.

Should you be unable to attend, we shall be glad to have one of our sales representatives call on you with samples of the upholsteries of the new products. However, we sincerely hope that we will see you in person on 15th July.

Yours truly,

Robert G. Stevens
General Manager

A good sales letter convinces the reader not only that the product being sold is special (by the upbeat tone and the use of adjectives like "natural", "innovative", "up market", "fashionable"), but also that he, the reader, is being accorded special treatment.

USEFUL EXPRESSIONS

▣ We have decided to offer our most valued customers the advantages described below.
▣ We have great pleasure in sending you samples of our latest designs.
▣ Our new service will ensure that you minimize costs and maximize efficiency.
▣ We now offer a more comprehensive service...

STEEL ACCESSORIES LTD.

13 Crescent Grove,
London NW3 J24,
United Kingdom

CIRCULAR

A TODOS LOS AGENTES Y CONCESIONARIOS DE LICENCIAS

24 de septiembre de 1998   **Nuestra Ref.: PMM/13-02/gd**

La presente es para informarles que, a partir del 1 de noviembre de 1998, el Sr. John Smith será el nuevo Director General Adjunto. Al mismo tiempo, el Sr. Graham Plunkett asumirá el cargo de Director Comercial.

Toda la correspondencia que se dirige habitualmente al Sr. Smith deberá ser remitida al Sr. Plunkett.

Agradecemos su cooperación en este asunto.

Peter Mac Murtrie
Director General

En el caso siguiente, el Sr. Smith de Steel Accessories Ltd. va a ser promocionado y sustituido en el puesto. Esta circular informa del cambio a algunos de sus contactos más frecuentes. En principio, las circulares de este tipo, cuyo propósito es exclusivamente el de informar, no deberían ser más largas que lo estrictamente necesario.

EXPRESIONES ÚTILES

▣ Tenemos el agrado de anunciarles que a partir de ahora podemos ofrecerles un servicio de mantenimiento de 24 horas.
▣ Nuestro Director Comercial de Zona les visitará en breve para presentarles a nuestro nuevo representante.
▣ Como comprobarán ustedes por nuestro membrete, nos hemos trasladado a nuevos locales.
▣ Esperamos que puedan ustedes asistir al día de puertas abiertas que estamos organizando para el 4 de julio.
▣ En respuesta a las peticiones de muchos de nuestros distribuidores, acabamos de abrir un centro de información técnica y de asistencia en su área.
▣ Incluimos nuestros nuevos precios que entrarán en vigor el 1 de enero.
▣ Quisiéramos recordar a todos nuestros empleados que las fotocopiadoras de la oficina principal deben utilizarse únicamente para sacar fotocopias relacionadas con el trabajo.
▣ No deseamos restringir o dar carácter oficial al uso de las fotocopiadoras, pero quisiéramos pedir vuestra colaboración utilizándolas dentro de unos límites razonables.
▣ Tenemos el agrado de informales que a partir de ahora el Sr. F. Black será nuestro representante en su zona.

STEEL ACCESSORIES LTD.,

13 Crescent Grove,
London NW3 J24,
United Kingdom

CIRCULAR

A TODOS LOS AGENTES Y CONCESIONARIOS DE LICENCIAS

24th September 1998   Our ref: PMM/13-02/gd

This is to inform you that, with effect from 1st November 1998, Mr. John Smith will become Deputy General Manager. At the same time, Mr. Graham Plunkett will take over the position of Commercial Manager.

All queries usually addressed to Mr. Smith should henceforward be sent to Mr. Plunkett.

We thank you for your cooperation in this matter.

Peter MacMurtrie
General Manager

In the following case, Mr. Smith of Steel Accessories Ltd. is to be promoted and replaced. This circular informs some of his most frequent contacts of the change. As a general principle, circulars of this kind, whose purpose is exclusively to inform, should be no longer than is strictly necessary.

USEFUL EXPRESSIONS

▣ You will be pleased to learn that we can now offer you a 24-hour maintenance service.

▣ Our Area Sales Manager will be calling on you shortly to introduce our new representative.

▣ As you will note from our letterhead, we have now moved to new premises.

▣ We hope you will be able to attend the open day which we are organizing on 4th July.

▣ In response to requests from many of our distributors, we have just opened a technical information and assistance centre in your area.

▣ We enclose our new prices which will take effect from 1st January.

▣ We would like to remind all employees that the photocopiers in the main office and sales department are to be used only for work-related copying.

▣ We do not wish to restrict or formalise utilisation of the photocopiers, but we do ask for your cooperation in keeping their use within bounds.

▣ We are pleased to inform you that Mr. F. Black will now be representing us in your area.

Anglojams Ltd.

Crossley House
Portsmouth
East Sussex FN4 6LK

Bernardo Ruiz
Hipermercado Gambit
Av. de los Elíseos 86
Madrid 28080, España

23 de julio de 1999   **Nuestra ref: JO/fd**

Estimado Sr. Ruiz:

Le escribo en relación con la visita que efectuó Vd. a nuestra planta de producción de Portsmouth en marzo de este año.

Tal y como entendemos la situación, su cadena de hipermer-cados estaría interesada en la distribución de nuestras mermeladas y confituras en caso de llegar a un acuerdo sobre las condiciones.

Después de su visita, le envié nuestros folletos y listas de precios así como otros documentos relacionados con los métodos de producción. Sin embargo, no hemos tenido noticias suyas desde entonces. Naturalmente, nosotros seguimos interesados en conocer su opinión sobre nuestra gama de productos.

Estaré en Madrid la segunda semana de agosto, y si su agenda lo permite, estaría encantado de tener la oportunidad de renovar nuestros contactos.

Atentamente,

John Osden
Director de Exportación

Muy a menudo, después de contestar a una solicitud de oferta o de establecer un contacto en una feria comercial, una empresa no vuelve a saber nada del posible cliente. El propósito de la carta de seguimiento es el de volver a suscitar el interés del cliente y, si es posible, concertar una entrevista personal a través de un agente comercial, por ejemplo. El tono debe ser positivo pero sin molestar.

Anglojams Ltd.

Crossley House
Portsmouth
East Sussex FN4 6LK

Bernardo Ruiz
Hipermercado Gambit S.A.
Avda. de los Elíseos 86
Madrid 08080, España

23rd July 1999   Our ref : JO/fd

Dear Mr. Ruiz,

I am writing to you with regard to your visit to our production plant in Portsmouth in March of this year.

As we understand the situation, your chain of hypermarkets is interested in distributing our jams and marmalades if suitable terms and conditions can be agreed on.

After your visit, I sent you our current brochures and price lists as well as other documents related to production methods. However, since then, we have not heard from you. Naturally, we are still interested in having your reactions to our product range.

I shall be in Madrid during the second week of August and should, if your schedule permits, very much welcome the opportunity of renewing our contacts.

Yours truly,

John Osden
Export Manager

Frequently, after answering an enquiry or making contact at a trade fair, a firm hears nothing more from the prospective customer. The purpose of the follow-up letter is to rekindle the customer's interest and, if possible, to arrange for a personal contact, through a sales representative, for example. The tone should be positive but not importuning.

SOUTHERN SHOES LTD.

348 Glenthorpe Road
Plymouth PL8 3BA
United Kingdom

**Zapatería Henderson
28-30 Totford Avenue, Warmley
Bristol BS1 52X**

8 de Marzo de 1999

Muy Sres. míos:

Durante los últimos cinco años hemos tenido el agrado de suministrarles sus pedidos con regularidad. Estamos por lo tanto algo sorprendidos al no tener noticias suyas desde hace más de seis meses, y nos preguntamos si están ustedes insatisfechos o decepcionados por nuestros servicios. Si es así, les rogaría nos lo dieran a conocer y haremos todo lo posible para que la situación se normalice. Mientras tanto, quisiéramos aprovechar esta oportunidad para presentarles nuestra nueva gama de calzado informal, pues creemos que nuestros nuevos modelos pueden ser justamente lo que ustedes necesitan para las ventas de primavera y verano. Todos los modelos que figuran en el folleto adjunto han sido seleccionados tras un riguroso estudio de las últimas tendencias de la moda del calzado en toda Europa.

Nuestro representante, el Sr. Edward McCabe, estará en la zona de Bristol del 24 al 30 de este mes y le hemos pedido que concierte una cita con ustedes para visitarles durante esa semana. Él les llevará una gama completa de muestras. Además, está autorizado para debatir los términos de cualquier pedido que deseen ustedes pasar.

Esperamos que ésta sea una buena ocasión para reanudar nuestras relaciones comerciales con ustedes.

Les saluda atentamente,

por SOUTHERN SHOES LTD.
S. Granger
Director Comercial

Puede suceder que un cliente habitual, y por causas inexplicables, deje de repente de pedir mercancías. En tal caso, la carta de seguimiento debería referirse brevemente a transacciones comerciales anteriores, expresar preocupación por el silencio del cliente y volver a presentar los productos o servicios de su compañía. Indique la razón de la presente carta (invitación a una exposición, precios reducidos, nuevo catálogo, etc.) e invite al cliente a reanudar los contactos con usted.

EXPRESIONES ÚTILES

☞ Tendríamos mucho gusto en hablar con usted sobre las diferentes condiciones de pago.

☞ Nuestro representante les visitó en febrero pasado y les entregó unas muestras de nuestros productos.

SOUTHERN SHOES LTD.

348 Glenthorpe Road
Plymouth PL8 3BA
United Kingdom

**Henderson's Shoe Shop
28-30 Totford Avenue, Warmley
Bristol BS1 52X**

8ᵀʰ March, 1999

Dear Sirs,

Over the past five years we have had the pleasure of supplying your orders regularly. We are naturally somewhat surprised not to have heard from you for more than six months now and wonder whether you might have been dissatisfied or disappointed with our services. If so, please let us know and we will do everything possible to put the situation right. In the meantime, we would like to take this opportunity to present our latest range of casual footwear, as we believe our new models may be just what you need for the spring and summer trade. All the models shown in the accompanying brochure have been selected only after a rigorous study of the latest trends in footwear fashion across Europe.

Our representative, Mr Edward McCabe will be in the Bristol area from 24ᵗʰ to 30ᵗʰ of this month and we have asked him to make an appointment to visit you during this period. He will, of course, bring with him a full range of samples. Moreover, he is authorised to discuss the terms of any order you may care to place.

We look forward to this renewed opportunity of doing business with you.

Yours faithfully,

for SOUTHERN SHOES LTD.
S. Granger
Sales Manager

It may happen that a regular customer suddenly and inexplicably ceases to order goods. In such a case, your follow-up letter should briefly refer to previous dealings, express concern at the customer's silence, and present your company's product or services once again. State the reason for the present letter (invitation to an exhibition, reduced prices, new catalogue, etc.) and invite the customer to resume contact with you.

USEFUL EXPRESSIONS

☞ We would be very happy to discuss different terms of payment with you.

☞ Our representative visited you last February and gave you samples of our products.

Electro-Installations

61 Linenhall St.
Basingstoke RG24 0QC
England

ANGLOJAMS LTD
Crossley House, Portsmouth
Sussex FN4 6LK
Atención: Sr. F. Connors
Director General

7 de octubre de 1998

Estimado Sr. Connors:

Hago referencia a la oferta que le enviamos el 16.9.98 sobre la instalación de nuestros radiadores eléctricos en toda su nueva planta en Somerset. Como aún no hemos recibido respuesta por su parte, me preguntaba si tendría usted inconveniente en volver a tratar de la oferta así como de sus necesidades especiales.

Como ya lo mencioné previamente, todos los pedidos recibidos antes del 30 de noviembre se beneficiarán de un descuento del 15%, lo cual hace que nuestra oferta sea muy atractiva.

He solicitado al Sr. Ronald Atkinson, nuestro agente local, que concierte una cita con ustedes con el fin de examinar a fondo la oferta.

Estamos a su entera disposición para cualquier otra información que pueda necesitar.

Atentamente,

Norman Fairchild

El silencio de un cliente puede simplemente significar que está considerando su oferta. En tal caso, una carta de seguimiento a tiempo puede ser suficiente para inclinar la balanza a su favor. En la carta siguiente, la posibilidad de clarificar los puntos oscuros de una oferta proporciona un pretexto para escribir.

EXPRESIONES ÚTILES

☞ Como aún no han tomado la decisión de comprar, nos preguntamos si estarían Vds. dispuestos a recibir la visita de nuestro técnico.

☞ Estamos seguros de que reconocerán las ventajas de una rápida decisión, quedando a la espera de su contestación.

☞ Si no han aceptado nuestro presupuesto inicial, estaríamos encantados de tratar el asunto con más detalle.

Electro-Installations

61 Linenhall St.
Basingstoke RG24 OQC
England

AngloJams Ltd.
Crossley House, Portsmouth
Sussex FN4 6LK
Attn: Mr. F. Connors
General Manager

7th October 1998

Dear Mr. Connors,

I refer to the quotation we mailed you on 16/9/98 concerning the installation of our electric radiators throughout your new plant, in Somerset. As we have not yet received your decision, I was wondering whether you would welcome a further opportunity to discuss the quotation and your special requirements.

As I mentioned previously, all orders received before 30th November are subject to a discount of 15%, which makes our quotation particularly attractive.

I have asked Mr. Ronald Atkinson, our local agent, to make an appointment with you with a view to going over the quotation in detail.

We are at your disposal for any further information you may require.

Yours sincerely,

Norman Fairchild

A customer's silence may mean no more than that he is still thinking about an offer. In that case, a well-timed follow-up letter can be enough to tip the balance in your favour. In the following letter, the possibility of clearing up difficult points of a quotation provides a suitable pretext for writing.

USEFUL EXPRESSIONS

☞ As you have not yet made a decision to purchase, we wondered whether you would like our technical specialist to call on you again.

☞ We are confident you will see the advantage of an early decision and look forward to your reply.

☞ If our initial estimate was not acceptable, we would be glad to discuss the matter further.

MORTON & CO. LTD.

Harrington House
Russell Square
London WC1

Sr. H.T. Watson
Messrs. Gottfried & Lunt
Estate Agents
16 Hendon Road
London NW7

27 de septiembre de 1998   **Nuestra ref: 220-SA/BL**

Muy Sres. míos:

Cuando visitaron ustedes la semana pasada nuestro stand en la «British Office Equipment Exhibition» de Golders Green, expresaron su interés por nuestra nueva copiadora multiuso «Millipage Pro».

Estamos tan seguros de que esta máquina va a resultarles imprescindible en su oficina que les escribimos de nuevo. Ya hemos recibido varias cartas de clientes que están sumamente satisfechos con ella, y estamos convencidos de que ustedes estarán igual de satisfechos después de una semana de prueba.

Incluimos folletos en los que se explican las características únicas de esta máquina. Naturalmente, tendremos mucho gusto en proporcionarles toda la información adicional que puedan ustedes necesitar.

Esperando tener noticias suyas en breve, les saluda atentamente,

B. Jenkins
Director del Dep. de Ventas.

Suele ser habitual efectuar un seguimiento de los contactos que se establecen en las ferias comerciales, exposiciones o salones de muestra. Algunas compañías utilizan con impresos especiales, aunque es más aconsejable una carta personalizada. Una vez más, es importante evitar un tono agresivo, al mismo tiempo que se sugieren las ventajas de pasar pedido rápidamente.

EXPRESIONES ÚTILES

☞ En la feria de Hamburgo tuvieron la oportunidad de examinar las avanzadas características de nuestra última maquina.

☞ Les sugerimos que se beneficien de esta oferta única: no lo lamentarán.

MORTON & CO. LTD.

Harrington House
Russell Square
London WC1

Mr. H.T. Watson
Messrs. Gottfried & Lunt
Estate Agents
16 Hendon Road
London NW7

27th September 1998   Our ref : 220-SA/BL

Dear Sirs,

When you visited our stand at the "British Office Equipment Exhibition" in Golders Green last week, you expressed interest in our new "Millipage Pro" all-purpose photocopier.

We are so sure that this machine will prove indispensable in your office that we are writing to you again. We have already received several letters from customers who are more than satisfied with it, and are convinced that you will experience a similar satisfaction after a week's trial period.

We enclose leaflets explaining the unique features of this machine. Naturally, we will be only too pleased to supply any additional information you may require.

We hope to bear from you shortly.

Yours faithfully,

B. Jenkins
Head of Sales Dept.

It is customary to follow-up on contacts made at trade fairs, shows or exhibitions. Some companies do this with special pre-printed forms, although a personalised letter is generally more advisable. Once again, it is important to avoid an aggressive tone, while suggesting the advantages of a prompt order.

USEFUL EXPRESSIONS

▤ At the Hamburg fair you were able to examine the advanced features of our latest machine.
▤ We urge you to take advantage of this unique offer, which we are sure you will not regret.

Ford Construction Co.

5 Stokeston Road,
London NE5 ZB7

Gilford, Sillitoe & Associates
36 Hamelsby Road
Londres N17 B6

19 de febrero de 1999

Atención: Mr. Gilford, Socio Principal

Estimado Sr. Gilford:

Quisiera agradecerle su cálida acogida de la semana pasada y el tiempo que nos dedicó. Sus aclaraciones técnicas y opiniones personales sobre el futuro desarrollo del Proyecto Talbot fueron muy enriquecedoras.

Me permito aprovechar la oportunidad para incluir nuestra última lista de referencias junto con copias de planos en los que aparece el trabajo que hemos llevado a cabo en el edificio Carghill. Como mencioné ayer, las dificultades técnicas y las restricciones que encontramos durante la construcción de este edificio fueron muy parecidas a las que se nos presentan ahora en el Proyecto Talbot. Espero que estos dibujos les resulten útiles.

Agradezco una vez más su cortesía y su ayuda y espero mantener con Vd. una larga y beneficiosa relación comercial.

Le saluda atentamente,

Paul Rogers
Director Técnico

Anexo: archivo 034/B

El propósito de la siguiente carta es algo diferente al de las otras de esta sección en que su objetivo no es iniciar unas relaciones comerciales, sino consolidar las que ya existen. Esta carta es mucho más que una mera formalidad. Observen la manera en que el uso de los pronombres personales «yo» y «usted» aporta un tono más cálido.

EXPRESIONES ÚTILES

☞ Quisiera expresarle mi gratitud por todas las molestias que usted y su plantilla se tomaron para hacer que mi estancia en Londres fuera tan instructiva como agradable.

☞ Quisiera añadir mi agradecimiento personal por la calidad del servicio que ustedes proporcionan.

☞ Espero devolverles el favor a la primera oportunidad.

Ford Construction Co.

5 Stokeston Road,
London NE5 ZB7

Gilford, Sillitoe & Associates,
36 Hamelsby Road,
London N17 B6

19th February 1999

Attn: Mr. Gilford, Senior Partner

Dear Mr. Gilford,

I would like to thank you for taking the time to welcome us so cordially last week. Your technical clarifications and personal views on the future development of the Talbot Project were most enlightening.

May I take this opportunity to enclose our latest list of references together with copies of drawings showing the work we carried out on the Carghill building. As I mentioned yesterday, the technical difficulties and constraints we encountered during the construction of this building were in many ways similar to those now presented by the Talbot Project. I hope you will find the drawings useful.

Once again, my warmest thanks for your courtesy and assistance. I look forward to a long and mutually beneficial business relationship.

Yours sincerely,

Paul Rogers
Technical Manager

encs : file 034/B

The purpose of the following letter is slightly different to the others' in this section, in that it aims not to initiate a business relationship, but to consolidate an already existing one. This letter is much more than a mere formality. Note the way in which the use of the personal pronouns "I" and "you" adds to the warmth of tone.

USEFUL EXPRESSIONS

▣ I should like to express my gratitude for all the trouble you and your staff took to make my stay in London both instructive and enjoyable.
▣ May I add a personal word of thanks for the quality of the service you provided.
▣ I look forward to returning the favour at the earliest possible opportunity.

Wallaby Import Company

198 Princeton Avenue
Melbourne, Australia

**ANGLOJAMS LTD
Crossley House, Portmouth
Sussex FN4 6LK**

16 de noviembre de 1998

Muy Sres. míos:

Gracias por su carta del 10 de noviembre, en la que incluían lista de precios.

Los tarros de mermelada de dos libras no serían apropiados para nuestro mercado. Sin embargo, estaríamos interesados en hacer un pedido importante (un mínimo de 20.000) de los tarros de una libra a condición de solventar un ligero problema.

A diferencia de sus homónimas inglesas, las amas de casa australianas están acostumbradas desde hace muchos años a utilizar el sistema métrico de pesas y medidas. Por lo tanto, cuando compran productos locales, suelen adquirir los tarros de 500 gramos. La libra inglesa, sin embargo, es de sólo 454 gramos. En consecuencia, les pediríamos que redujeran en un 10% los precios ofertados para la calidad A2.

En cuanto al pago, sugerimos pagar la mitad del importe de su factura al recibir la mercancía, y la otra mitad a los 30 días, deduciendo su descuento del 2%.

Las muestras llegaron ayer y estamos dispuestos a reconocer que su mermelada es de la mejor calidad. Les agradeceríamos nos informaran lo antes posible si pueden suministrarnos las mermeladas en las condiciones mencionadas.

Atentamente,

Frank Stephen
Jefe de Compras

Un comprador no siempre acepta inmediata e incondicionalmente los precios del vendedor. A menudo tiene una buena razón para hacer una contrapropuesta con el objeto de obtener mejores condiciones o un plazo de entrega más corto. En otras palabras, negocia.

EXPRESIONES ÚTILES

☞ Dadas las circunstancias, quisiéramos proponer un acuerdo alternativo.
☞ Como no pueden suministrarnos todos los artículos que se especifican en nuestro pedido, les rogamos nos concedan algo de flexibilidad en las condiciones de pago.

Wallaby Import Company

198 Princeton Avenue
Melbourne, Australia

**AngloJams Ltd.
Crossley House, Portsmouth
Sussex FN4 6LK**

16th November 1998

Dear Sirs,

Thank you for your letter of 10th November, enclosing your price list.

The 2 lbs jars of marmalade would not be suitable for our market. We would, however, be interested in placing a large order (at least 20,000) for the 1 lb jars if one slight problem can be overcome.

Unlike their English counterparts, Australian housewives have for many years now been accustomed to using a fully metric system of weights and measures. Hence, when they buy local produce, they are accustomed to a jar weighing 500 grammes. The English pound, however, is only 454 grammes. We would, therefore, ask you to reduce the prices quoted for quality A2 by 10%.

As far as settlement is concerned, we would suggest paying half the amount against your invoice on receipt of the goods, and the second half within 30 days, deducting your 2% discount.

The samples arrived yesterday and we readily concede that your marmalade is top quality. Would you kindly let us know as soon as possible if you can supply us on the terms mentioned.

Yours faithfully,

Frank Stephen
Head of Purchasing

A buyer does not always accept the seller's prices and terms immediately and unconditionally. Often he has good reason to make a counter-proposal with the aim of obtaining either better terms or a shorter delivery time. In short, he negotiates.

USEFUL EXPRESSIONS

▣ Given these circumstances, we should like to propose an alternative arrangement.

▣ As you are unable to supply all the items specified in our order, we must ask you for a little latitude with regard to the terms of payment.

Anglojams Ltd.

Crossley House
Portsmouth
East Sussex FN4 6LK

WALLABY IMPORT COMPANY
198 Princeton Avenue
Melbourne, Australia

22 de noviembre de 1998

Estimado Sr. Stephen:

Hemos estudiado cuidadosamente las propuestas que nos hacen en su carta del 16 de noviembre.

Tendríamos muchísimo gusto en suministrarle la mermelada que desea. Habrán observado que su calidad es probablemente mejor que la de la mermelada que se vende habitualmente en su país. Pronto verán que sus clientes también notan la diferencia y desearán hacer nuevos pedidos.

Quisiéramos demostrarlo, y para ello estamos dispuestos a concederles un descuento especial del 5% por la cantidad de 20.000 tarros de mermelada de naranja A2. Esto, junto con el descuento por pago al contado que les concederíamos, nos permitiría ofrecerles una mercancía con unos precios de venta muy competitivos.

Esperando recibir su pedido, al que concederemos nuestra mayor atención, les saluda atentamente,

Bill Lewis
Sub-Director

La carta siguiente sirve para responder a la 5.1. El vendedor toma en consideración los argumentos del comprador y responde con una contrapropuesta. Aunque no concede al comprador todo lo que solicita, hace sin embargo una concesión importante, teniendo en cuenta el tamaño del pedido y el hecho de que se trata de una primera venta.

EXPRESIONES ÚTILES

☞ Teniendo en cuenta que tienen ustedes intención de pasar un pedido importante, nos complace concederles las condiciones solicitadas por Vds.

☞ Tras un estudio minucioso, lamentamos no poder concederles el descuento que nos han sugerido.

☞ Estamos seguros de que sus clientes apreciarán la calidad del nuevo material.

Anglojams Ltd.

Crossley House
Portsmouth
East Sussex FN4 6LK

WALLABY IMPORT COMPANY
198 Princeton Avenue
Melbourne, Australia

22nd November 1998

Dear Mr. Stephen,

We have carefully considered the proposals you made in your letter of 16th November.

It would give us great pleasure to supply you with the marmalade you wish to order. You have noticed that its quality is probably better than that of the marmalade usually sold in your country. You will soon see that your customers notice the difference too, and will want to place repeat orders.

We should like to prove this to you, and are therefore prepared to grant you a special discount of 5% for the quantity of 20,000 jars of A2 orange marmalade. This, with the cash discount which we would allow, should enable you to offer the goods for sale at competitive prices.

May we look forward to receiving your order? We assure you of our best attention.

Yours sincerely,

Bill Lewis
Assistant Manager

The following letter is in reply to 5.1. The seller takes the buyer's arguments into consideration and responds with his own counter-proposal. Although he does not allow the buyer everything he asks for, he nevertheless makes an important concession, which is warranted by the size of the order and by the fact that this is an introductory sale.

USEFUL EXPRESSIONS

☞ Bearing in mind that you intend to place a large order, we are pleased to allow the terms you have stipulated.

☞ We regret that, after careful consideration, we are unable to grant the discount you suggest.

☞ We feel certain that your customers will appreciate the quality of the new material.

TOWER PRODUCTS

Unit 8 Moorswater Industrial Estate
Taunton, Devon, TA1 7TR
England

**El Director General
Al Feloos Import Co.
P.O. Box 2280
Riyadh 1614
Kingdon of Saudi Arabia**

21 de agosto de 1998

Estimado Sr. Maktoom,

Agradecemos su pedido núm. 212-F.

La mayor parte de las mercancías solicitadas están disponibles.
Sin embargo, no nos va a resultar posible conseguir la cubertería
descrita en los puntos 20-25 de su lista debido a problemas de
producción en el país de origen.

Sentimos muchísimo que esto se produzca y lamentamos no poder
satisfacer todas sus necesidades. Sugerimos que sustituya estos
productos por los que figuran en el catálogo adjunto con el número 215J. El diseño es parecido y podemos garantizar tanto la calidad de estos artículos como su disponibilidad, proporcionando
una excelente relación precio/calidad.

Si debemos respetar las fechas de entrega estipuladas en su carta
de pedido, deberá darnos a conocer su decisión lo antes posible.

Confiando en que nuestra oferta le interese y esperando tener en
breve noticias suyas, le saluda atentamente,

Jeremy Richards
Director Comercial

Cuando una empresa recibe un pedido que no puede suminis-trar, tiene tres posi-bilidades: (1) recha-zar el pedido lamen-tándolo, (2) enviar un artículo de subs-titución, (3) hacer una contrapropuesta, es decir ofrecer otras mercancías o servi-cios que no son exac-tamente los que el cliente ha solicitado. He aquí un ejemplo de cómo un exporta-dor redacta una contraoferta.

EXPRESIONES ÚTILES

☞ Lamentamos infor-males que, debido a la fuerte demanda, no podemos entregar esta mercancía antes de finales de junio.
☞ Estamos sin exis-tencias de recipientes eléctricos de acero inoxidable.
☞ Aún es posible su-ministrar los artículos requeridos pero con un aumento del 2% debido al incremento de los precios del transporte.

TOWER PRODUCTS

Unit 8 Moorswater Industrial Estate
Taunton, Devon, TA1 7TR
England

The General Manager
Al Feloos Import Co.
P.O. Box 2280
Riyadh 1614
Kingdom of Saudi Arabia

21st August 1998

Dear Mr. Maktoom,

We are in receipt of your order no. 212-F for which we thank you.

Most of the goods required are available. However, we are no longer able to obtain the cutlery listed under items 20-25 due to production problems in their country of origin.

We are extremely sorry for this state of affairs and regret that we cannot comply with all your requirements. We suggest that you replace these products by those in the enclosed catalogue under the number 215J. The design is similar and we can guarantee both the quality of these articles and their availability. They are also excellent value for money.

If we are to respect the delivery dates stipulated in your order letter, you should let us know your decision as quickly as possible. We trust our offer will interest you and we look forward to hearing from you.

Yours sincerely,

Jeremy Richards
Sales Manager

When a firm receives an order for something it cannot supply, only three courses are open to it : (1) regretfully decline the order, (2) send a substitute, (3) make a counter-proposal, i.e. offer other goods or services which are not exactly what the customer has asked for. Here is how one exporter phrases his counter-offer.

USEFUL EXPRESSIONS

☞ We regret to inform you that, due to heavy demand, we cannot deliver these goods before the end of June.

☞ We have run out of stock of stainless steel electrical kettles.

☞ It will still be possible to supply the items requested but with a price increase of 2%, due to higher transport rates.

IDOS AUTOMATIC CAMERAS

Main Office, 23 East Street
Swindon SN 6AQ
United Kingdom

Lee Photographics
4312 Tai-wal Building
26 Harbor Road
Hong Kong

5 de agosto de 1999

Muy Sres. míos:

Hemos recibido con agrado su pedido de 300 máquinas fotográficas automáticas de nuestro Modelo C, así como las noticias de su éxito de ventas del último envío. Como ya lo mencionamos anteriormente, este tipo de máquina fotográfica, con su visor de gran dimensión, se ha convertido en un «best-seller» y tiene Vd. razón al querer tenerlas en existencia.

Aunque las ventas han sido muy buenas en todo el mundo, ha habido una demanda continua de lentes de mayor apertura que el f6,3 que tiene acoplado el Modelo C. Examinando cuidadosamente la demanda, hemos llegado a la conclusión de que el usuario medio de esta cámara quiere un instrumento que incluya un sistema avanzado de toma de fotografías así como una gran facilidad de manejo. Por lo tanto, hemos fabricado una nueva versión de la IDOS Automática, el modelo D, el cual va ahora provisto de unas lentes F4,5.

El modelo D ha reemplazado al Modelo C. A un precio de $300 netos para el comerciante, supone la mejor relación precio-calidad del mercado en este tipo de máquinas fotográficas. Creemos que estará usted de acuerdo en que la diferencia de precio, $50, entre este modelo y el antiguo es muy pequeña para la asombrosa diferencia de rendimiento. Ya ha sido objeto de una calurosa bienvenida.

Nuestra nueva campaña de publicidad dará comienzo dentro de unas pocas semanas y la D Automática será extensamente anunciada en los periódicos nacionales de su país así como en las revistas técnicas. Podrán ustedes disponer ya de estas máquinas antes del inicio de nuestra campaña. Por ello nos encantaría que confirmaran su pedido de 300 máquinas Modelo D en vez del Modelo C que deja de fabricarse.

Tendremos mucho gusto en concederle un 5% de descuento adicional por las 300 máquinas, garantizándole un envío inmediato. Muy atentamente,

Christopher Orton
Director Comercial

Formato de una contrapropuesta: (1) acusar recibo y agradecer al cliente; (2) informarle de la naturaleza del problema; (3) expresar contrariedad por no poder proporcionarle lo que ha solicitado; (4) sugerir una posible solución; (5) pedir al cliente que le informe de su decisión lo antes posible. El objetivo es vender la solución propuesta, por ello la persuasión es esencial.

IDOS AUTOMATIC CAMERAS

Main Office, 23 East Street
Swindon SN 6AQ
United Kingdom

**Lee Photographics
4312 Tai-wal Building
26 Harbor Road
Hong Kong**

5th August 1999

Dear Sirs,

It was a pleasure to receive your order for 300 of our Model C Automatic cameras and to hear of your success in disposing of the last consignment. As we mentioned previously, this type of camera, with its large viewfinder, has become a best-selling model and you cannot go wrong in stocking it.

While sales throughout the world have been good, there has been a persistent demand for a lens of larger aperture than the f6.3 which was fitted as standard on the Model C. On careful examination of this demand, we came to the conclusion that the average camera-user of today wants an instrument combining advanced picture-making facilities with ease of use. We have therefore produced a new version of the IDOS Automatic — the Model D, which is fitted with an f4.5 lens.

Model D has replaced C, and at a price of $ 300 net to the trade, represents the finest value on the market for cameras of this type. We think you will agree that the difference in price, $ 50, between this and the old Model is very small for the amazing difference in performance which is now possible. It has received an enthusiastic welcome here already.

Our new publicity campaign is due to begin in a few weeks and the D Automatic will be advertised extensively in national newspapers in your country as well as in technical magazines. Your stock will reach you in good time for the start of our campaign, so we should be glad if you could confirm the order for 300 of Model D in place of the discontinued Model C.

We shall be happy to grant you an extra 5% discount for 300, and can promise you immediate despatch.

Yours faithfully,

Christopher Orton
Sales Manager

The format of the counter-proposal : (1) acknowledge reception and thank the customer; (2) inform him of the nature of the problem; (3) express regret at being unable to meet his requirements; (4) suggest a possible solution; (5) ask the customer to inform you of his decision as soon as possible. The objective is to sell the proposed solution, so persuasiveness is essential.

FINE TEXTILES LTD.

Hopton Road
Stoke-on-Trent ST7 1QF
England

Johanssen Forlag
21 Kirkagate
Stavanger 5026, Noruega

25 de enero de 1999

Muy Sres. míos:

Muchas gracias por su carta de ayer, la cual incluía su pedido de 1.200 metros de tejido de seda con dibujos «Zebra».

Apreciamos su interés y nos hubiera complacido servirles el pedido directamente de nuestras existencias como las veces anteriores, pero lamentamos no poder hacerlo.

Como saben ustedes, los tiempos y los gustos cambian. El diseño «Zebra» ha pasado de moda, y tanto nosotros como otros fabricantes, tenemos tan poca demanda que hemos dejado de producirlo.

Sin embargo, creemos que a sus clientes les gustaría nuestro nuevo material «Rayon Pastel», del cual enviamos una muestra junto con esta carta. Este material tiene todas las buenas cualidades del viejo «Zebra» y su aspecto es mucho más elegante, sin tener los colores fuertes de muchas sedas y rayones modernos.

El precio es de 2 euros el metro o de 82 euros la pieza de 50 metros, FOB Liverpool. Los precios de todos los tejidos de seda han aumentado considerablemente el año pasado y ya no es posible suministrar un material de primera calidad a los precios que usted menciona. Como ya lo saben, nosotros suministramos únicamente telas garantizadas de primera clase.

Enviamos asimismo por paquete postal una selección completa de diseños de seda. Éstos tienen buena venta en los países escandinavos y los podemos recomendar a ustedes con toda confianza.

Podemos despachar su pedido una semana después de tener noticias suyas.

Atentamente,

John Godfrey

La siguiente carta mantiene el formato estándar de la contrapropuesta. El vendedor, que no puede satisfacer las necesidades ni aceptar el precio que le han marcado, propone un producto de sustitución, rechazando al mismo tiempo con sutileza las condiciones propuestas por el comprador.

FINE TEXTILES LTD.

Hopton Road
Stoke-on-Trent ST7 1QF
England

Johanssen Forlag
21 Kirkegate
Stavanger 5026, Norway

25th January 1999

The following letter observes the standard format of the counter-proposal. The seller, unable to meet the buyer's requirements or to accept the price he has specified, proposes a substitute, while subtly rejecting the terms proposed by the buyer.

Dear Sirs,

Many thanks for your letter of yesterday, enclosing your order for 1,200 metres of 'Zebra' pattern silk cloth.

We appreciate your interest and would have liked to supply your order from stock as in the past, but regrettably are unable to do so.

As you know, times and tastes change. The 'Zebra' pattern is now out of fashion, and in common with other manufacturers we have so little demand for it that we have ceased to produce it.

We think, however, that your customers would like our new material 'Rayon Pastel', a sample of which we have pleasure in sending you out with this letter. This material has all the good qualities of the old 'Zebra' and is very much smarter in appearance, without being as vivid in colour as many modern silks and rayons.

The price is 2 euros per metre or 82 euros per 50-metre piece, FOB Liverpool. Prices for all silk fabrics have increased considerably in the past year and it is no longer possible to supply a really good material at the figure you mention. As you know, we supply only first-class and guaranteed fabrics.

A full selection of our silk patterns is also being sent by parcel post. All of these are selling well throughout the Scandinavian countries and we can safely recommend them to you.

We can ship your order within a week of hearing from you.

Yours faithfully,

John Godfrey

Deep Sea Services Inc.

Suite 2A, Henderson Bldg.,
Elmswood Ave. Houston TX, USA

Steel Accessories Ltd.
13 Crescent Grove
Londres NW3 J24
Reino Unido
Atención: Graham Plunkett
Director Comercial

12 de noviembre de 1998   **URGENTE**

Estimado Graham:

Orden de Compra Núm. CB/PO:5998/DRG

Le agradezco su oferta DSS/235-98/gd del 11-12-98.

Quisiéramos pasarles el pedido siguiente:

- Artículo 1: 24 conexiones de 3 1/2 pulgadas x 9,2 libras/pie,
  L80 = US$ 275 x 24 = 6.600

- Artículo 2: 18 conexiones de 2 7/8 pulgadas x 6,4 libras/pie,
  L80 = US$ 225 x 18 = 4.050

Total Valor del Pedido = US$ 10.650

Tal y como convinimos, la mercancía será retirada de las existencias y será enviada por vía aérea el 13/11/98. Estamos de acuerdo con el pago en el momento de recibir la mercancía.

Le agradeceríamos nos indicaran la situación del pedido a la mayor brevedad.

Saludos,

Craig Brown

En estas cartas, que deberían ser breves e ir al grano, la exactitud y la claridad son vitales. Entre las cosas que deberían mencionarse están: (1) la correspondencia previa, el catálogo o el número de lista; (2) cantidad, peso, longitud, etc., indicados claramente para cada artículo; (3) otra mercancía aceptable si no está disponible la mercancía que se requiere; (4) instrucciones de envío; (5) condiciones de pago. El siguiente pedido es una respuesta a la oferta de la carta 2.4

EXPRESIONES ÚTILES

☞ Quisiéramos pasar un pedido de prueba de los artículos siguientes.
☞ Si la mercancía cumple con nuestras exigencias, este pedido de prueba puede ir seguido de otros pedidos regulares.

Deep Sea Services Inc.

Suite 2A, Henderson Bldg.,
Elmswood Ave. Houston TX, USA

Steel Accessories Ltd.
13 Crescent Grove
London NW3 J24
United Kingdom
Attn: Graham Plunkett
Commercial Manager

November 12, 1998   **URGENT**

Dear Graham,

Purchase Order No. CB/PO:5998/DRG

Thank you for your quotation DSS/235-98/gd of 11-12-98.

We would like to place an order for :

- Item 1: 24 couplings   3 1/2" x 9.2 lbs/ft, L80
                                       US$ 275 x 24 = 6,600

- Item 2: 18 couplings   2 7/8" x 6.4 lbs/ft, L80
                                       US$ 225 x 18 = 4,050

        Total order value =   US$ 10,650

As agreed, delivery will be ex-stock and airfreight will take place on 11-13-98. Payment by C.O.D. is acceptable to us.

Please let me know the status of this order as urgently as you can.

Regards,

Craig Brown

In these letters, which should be brief and to the point, accuracy and clarity are vital. Among other things which should be referred to are : (1) previous correspondence, catalogue or list number ; (2) quantity, weight, length, etc., clearly stated for each article; (3) alternative goods acceptable if the exact goods required are not available; (4) shipping or forwarding instructions; (5) terms of payment. The following order is in response to the quotation in 2.4.

USEFUL EXPRESSIONS

☞ We would like to order the following items as a trial order.
☞ If the goods meet our requirements, this trial order may well be followed by regular orders.

GRUPO DADOR

Plaza Pinares 1-6
Barcelona, España

**House of Stationary
38 Monument Parade,
Londres SW12, Inglaterra**

23 de agosto de 1998

Muy Sres. míos:

Tenemos el agrado de pasarles nuestro pedido de acuerdo con su oferta del 10 de agosto y con las condiciones de nuestra Orden de Compra adjunta. Sírvanse referirse al anexo 1.

Como el precio del papel estipulado en su oferta nos parecía demasiado alto, lamentablemente hemos debido reducir en consecuencia la cantidad total de nuestro pedido. Sin embargo, si en futuros pedidos estarían Vds. dispuestos a concedernos un descuento de 65 dólares en su precio unitario, consideraríamos la posibilidad pasarles pedidos mayores.

El primer envío de 150 resmas de papel P15 se hará por vía marítima CIF Barcelona, de almacén a almacén. El pago se efectuará contra documentos a través del Banco Suizo de Comercio, 141 Place Guillaume Tell, Lausanne, Suiza.

Quisiera recalcar una vez más, que es imperativo que la entrega se haga contra documentos, ya que de lo contrario nos va a resultar imposible abrir una Carta de Crédito.

Atentamente,

Miguel Rodriguez

Anexo: Orden de Compra

Suele ocurrir que se pase un pedido con unas condiciones específicas, por ejemplo, condiciones de pago o plazos de entrega especiales. En la carta siguiente, además del pedido, hay dos informaciones importantes: una relacionada con futuros pedidos, la otra con el pago. La más importante de las dos se sitúa al final de la carta para recalcarla mejor.

EXPRESIONES ÚTILES

☞ Puesto que debemos tener esta mercancía para la feria anual, sírvanse confirmar que efectuarán ustedes la entrega antes del 1 de junio.
☞ Es esencial que las mercancías estén embaladas en contenedores a prueba de incendios.

GRUPO DADOR

Plaza Pinares 1-6
Barcelona, Spain

**House of Stationery
38 Monument Parade,
London SW12, England**

23rd August 1998

Dear Sirs,

We are pleased to place our order in accordance with your quotation of 10th August and with the terms of our enclosed P.O. Please refer to Attachment I.

Please note that as the price of paper stipulated in your quotation seemed much too high to us, we have regretfully had to reduce the overall quantity of our order accordingly. However, should you be in a position to grant us a discount on your unit price of US$ 65 on future orders, we would be very happy to place larger orders with your firm.

Your earliest possible delivery of the 150 reams of P15 paper shall be seafreight CIF Barcelona, warehouse to warehouse. Payment will be against documents through the Switzerland Bank of Trade, 141 Place Guillaume Tell, Lausanne, Switzerland.

May we stress yet again that it is imperative that delivery be against documents as it will otherwise be impossible for us to open a Letter of Credit.

Yours faithfully,

Miguel Rodriguez

enc : Purchase Order

It frequently occurs that an order is placed with specific conditions, concerning, for example, terms of payment or delivery dates. In the following letter, apart from the order itself, there are two important pieces of information : one related to future orders, the other to payment. The more important of the two is placed at the end of the letter for added emphasis.

USEFUL EXPRESSIONS

▣ Since we must have this merchandise for the annual fair, please confirm that you will deliver by 1st June at the latest.
▣ It is essential that the goods be packed in fireproof containers.

Fradin House Of Fashion

17 Brackford Street
Leeds 9IH 704

Continental Sportwear
100 Farringdon Road
Londres EC2M 3HG

16 de febrero de 1999   **Nuestra ref: Pedido Núm. 201-31**

Muy Sr. nuestro:

Acusamos recibo de su catálogo de ropa deportiva 1998-99. El diseño en general, el material y los colores están muy en línea con las tendencias del mercado y con los deseos de nuestros clientes.

Por lo tanto, les agradeceríamos nos enviaran lo antes posible lo siguiente:
* 600 chandals de entrenamiento de señora, códigos K21 y K36, en colores a juego.
* 400 chandals de caballero, código L51, en azul oscuro.
* 150 chandals de niños, código M34, en blanco y verde.

Efectuaremos el pago contra factura al recibo de la mercancía, para que nos puedan hacer el 2% de descuento por pronto pago que ustedes mencionan en su oferta. En cuanto a la entrega, ni qué decir tiene que apreciaríamos un envío rápido pues esperamos exponer estos artículos en nuestros escaparates de primavera.

Asimismo, les rogamos nos indiquen sus mejores fechas de entrega para un segundo pedido en caso de que necesitemos reposición.

Agradeciéndoles por anticipado, les saluda atentamente,

Madeleine Lederer
Directora

Una vez que se ha pasado el pedido, es muy deseable que el envío se haga lo antes posible. Sin embargo, incluso un hecho tan evidente debe ser señalado. En la carta siguiente, el remitente indica sus motivos para desear una entrega rápida y ofrece como aliciente la posibilidad de repetir el pedido.

EXPRESIONES ÚTILES

⌨ Como necesitamos urgentemente esta mercancía, les agradeceríamos una rápida ejecución del pedido.

Fradin House Of Fashion

17 Brackford Street
Leeds 9IH 704

**Continental Sportswear
100 Farringdon Road
London EC2M 3HG**

16th February 1999   Our Ref : Order No. 201-31

Dear Sir, *Thank you for*   *2002*

We acknowledge receipt of your 1998-1999 sportswear catalogue.
Overall design, fabrics and colours are fully in line with both the
market trends and our customers' wishes

We would therefore appreciate it if you could send us as soon as
possible :
* 600 ladies' training tracksuits, codes K21 and K36, in matching
  colours;
* 400 men's tracksuits, code L51, in deep blue;
* 150 children's tracksuits, code M34, in white and green.

We will settle at receipt of the goods against invoice so that we
may claim the 2% cash discount mentioned in your quotation. As
to delivery, it need hardly be said that we would appreciate a
prompt dispatch, as we hope to highlight these goods in our
spring displays.

Please also let us know your best delivery dates for a repeat order, in case we need to replenish our stock.

Thank you in advance.

Yours faithfully,

Madeleine Lederer
Manager

Once an order has
been placed, prompt
dispatch is almost al-
ways desirable. How-
ever, even such an ob-
vious fact sometimes
needs to be spelled
out. In the following
letter, the writer
states his reason for
wanting speedy deliv-
ery and offers the
possibility of a repeat
order as an induce-
ment,

**USEFUL
EXPRESSIONS**

☞ As we are in a
hurry for these goods,
we would appreciate
your prompt execu-
tion of this order.

Steel Accessories Ltd.,

13 Crescent Grove,
London NW3 J24,
United Kingdom

**Deep Seas Inc.
Suite 2A, Henderson Bldg.,
Elmswood Ave.,
Houston TX,USA**
Atención: Craig Brown

13 de Noviembre 1998

Estimado Craig:

Nuestro Pedido: DSS/235-98/gd
Su Orden de Compra: CB/P.O 5998/DRG

Le agradecemos su pedido.

Las conexiones salen por correo aéreo esta misma noche en el vuelo BA100 Londres - Nueva York - Houston, AWB Núm. 123457869, hora de llegada 23.15.

Están empaquetadas en dos cajas que miden 2,05 m. x 1,20 m. x 1,10 m., con un peso de 241 kgs y 324 kgs respectivamente.

Nuestra factura proforma SA-10325-98 por importe de 10.650 dólares y el Certificado de Origen se encuentran dentro de las cajas.

Esperamos que estas disposiciones sean de su agrado. Si podemos hacer algo más por ustedes no duden en ponerse en contacto con nosotros.

Saludos,

Graham Plunkett.

Generalmente el acuse de recibo de un pedido se hace inmediatamente, a menudo en forma de repetición de los artículos solicitados, lo cual sirve para comprobar su exactitud. Normalmente, se debería: (1) agradecer el pedido; (2) indicar los términos principales del pedido; (3) mencionar la inclusión de la factura pro forma en la que se especifican los métodos de entrega y las condiciones de pago; (4) expresar la seguridad de que el cliente quedará satisfecho. La carta siguiente es una respuesta al pedido de la carta 6.1

EXPRESIONES ÚTILES

☞ Tenemos el agrado de acusar recibo de su pedido con fecha 15.11.98

☞ Gracias por su pedido en el que solicita otras 50 cajas de rodamientos de bolas Ixon.

☞ Como de costumbre, hemos dado prioridad a su pedido, que ha sido despachado esta mañana.

Steel Accessories Ltd.,

13 Crescent Grove,
London NW3 J24,
United Kingdom

**Deep Seas Inc.
Suite 2A, Henderson Bldg.,
Elmswood Ave.,
Houston TX, USA**
Attn: Graig Brown

13ᵗʰ November, 1998

Dear Craig,

Our Order DSS/235-98/gd — Your PO : CB/P.O:5998/DRG

Thank you for your order.

The couplings are being airfreighted tonight on BA100 London - New York - Houston, AWB No. 123457869, time of arrival 23:15.

They are packed in two boxes measuring 2.05 m. x 1.20 m. x 1.10 m., and weighing 241 kgs. and 324 kgs.

Our pro forma invoice SA-10325-98 for US$ 10,650 and the Certificate of Origin are inside the boxes.

We trust these arrangements are to your liking. If we can be of further service, please do not hesitate to contact us.

Best regards,

Graham Plunkett.

Usually an order is acknowledged at once, often in the form of a repetition of the articles ordered, which serves as a check on accuracy. Normally, you should : (1) thank the reader for his order ; (2) quote the main terms of the order ; (3) mention enclosure of the pro forma invoice which specifies delivery methods and settlement terms ; (4) express the hope that the customer will be satisfied. The following letter is in reply to the order in 6.1

USEFUL EXPRESSIONS

+ We are pleased to acknowledge receipt of your order dated 15/11/98.
☞ Many thanks for your order requesting another 50 boxes of Ixon ball bearings.
☞ As usual, we gave your order priority and the consignment was despatched this morning.

GIBSON & CO. LTD.

31 Lombard Street
London W13
United Kingdom

Sres. Walton e Hijos
120 Quinta Avenida
Nueva York — NY 28, U.S.A.
Atención: Departamento de Compras

22 de Junio de 1999   **Ref: Núm. 3211**

Muy Sres. míos:

Obra en nuestro poder su pedido núm. 3211. Tenemos el agrado de informarle que con fecha de hoy ha sido remitida a Southampton la siguiente mercancía en nuestro propio camión:

   6 cajas precintadas de porcelana Staffordshire, numeradas del 101 al 106.

El envío será embarcado en el MN Manhattan que zarpará del muelle nº9 el 29 de junio.

Le hemos girado el valor de la factura, 3.250 euros a 60 días fecha, a través del Banco Lloyds, a quien hemos enviado las facturas consulares y comerciales, el Conocimiento de Embarque y la póliza de seguros contratada con la Compañía de Seguros Fidelity.

Estos documentos les serán entregados a Vds. por la sucursal de Nueva York del Banco Lloyds en la fecha en la que ustedes abonen la Letra de Cambio.

Tengan la amabilidad de notificarnos el momento en el que estas cajas les sean entregadas en Nueva York.

Confiamos que estén Vds. satisfechos con este pedido inicial, con el fin de tener la oportunidad de negociar con Vds. en el futuro.

Atentamente,

Arthur Norris
Director General

El tono de la carta de acuse de recibo debe ser cortés y preciso. No sólo debe referirse a la mercancía, sino que también debe indicar que el pedido está siendo atendido, o que incluso ya ha sido enviado. Esta fórmula de despedida debería tener en cuenta no sólo el presente pedido, sino también los pedidos futuros.

GIBSON & CO. LTD.

31 Lombard Street
London W13
United Kingdom

Messrs. Walton & Sons
120 Fifth Avenue
New York — NY 28, U.S.A.
Attn: Purchasing Dept.

22ⁿᵈ June 1999   **Ref : No. 3211**

Dear Sirs,

We have received your indent no. 3211, and we are pleased to inform you that we have dispatched today the following goods to Southampton by our own lorry :

    6 stapled cases of Staffordshire china, numbered consecutively 101-106.

The consignment will be loaded on MV Manhattan which is due to leave Dock no. 9 on June 29th.

We have drawn on you for the invoice value, 3,250 euros, at 60 days after date through Lloyds Bank, to whom we have given the consular and commercial invoices, the Bill of Lading, and the insurance policy taken out with the Fidelity Insurance Company.

These documents will be delivered to you by the New York Branch of Lloyds Bank on the date that you honour our Bill of Exchange.

As soon as these cases are delivered in New York, we would appreciate your notifying us.

We trust that your satisfaction with this initial order will afford us further opportunities of doing business with your firm.

Yours faithfully,

Arthur Norris
Managing Director

The tone of the letter of acknowledgement must be courteous and precise. Not only should it refer to the actual goods, it should also state that the order is being attended to, or indeed that it has already been dispatched. The closing formula should look beyond the present order to possible future orders.

GOLFORAMA LTD.

39-41 Castle Street
Hendon Middlesex M14 3XF

El Director
Northminster Bank Ltd.
Lower Walton Street
Londres EC4

28 de octubre de 1998

Muy Sr. mío:

Con fecha de ayer recibimos un importante pedido de Golf Supply Shop de Ribblesdale, Derbyshire, con quienes no hemos tenido aún ningún contacto comercial. Nos piden que les suministremos a crédito y nos remiten a sus banqueros, el Banco Western, Old Street, Manchester, para tener datos sobre su solvencia y posición financiera.

Les estaríamos muy agradecidos si pudieran ponerse en contacto con el Western Bank para solicitar dicha información. En particular, nos gustaría saber si la posición financiera de Golf Supply Shop Ltd. tiene una base sólida, y si estaría justificado el enviarles mercancías a crédito por un importe de 1.500 libras por envío.

Cualquier otra información que pudieran ustedes obtener en cuanto a la solidez financiera de esta compañía y a la puntualidad en el pago de las facturas sería bien recibida y sería naturalmente tratada de manera estrictamente confidencial.

Atentamente,

Dennis Bartelby
Director

Cuando un cliente compra regularmente a un proveedor, pedirá inevitablemente que le abran una línea de crédito. Antes de que el vendedor pueda calcular el crédito a otorgarle, necesita conocer la reputación del comprador, el tamaño aproximado de sus negocios y cómo liquida sus cuentas. Puede obtener esta información por medio de referencias facilitadas por el mismo comprador, o bien, como en este ejemplo, a través del banco.

EXPRESIONES ÚTILES

☞ Desean entablar relaciones comerciales con nosotros y nos han solicitado un crédito de tres meses.

☞ Estaríamos muy agradecidos si nos pudieran facilitar información sobre la solvencia de la empresa.

☞ Sírvanse pedir información sobre la solvencia comercial de la empresa.

☞ ¿Hacemos bien concediéndoles facilidades de crédito hasta un importe de 1.000 libras?

GOLFORAMA LTD.

39-41 Castle Street
Hendon Middlesex M14 3XF

The Manager
Northminster Bank Ltd.
Lower Walton Street
London EC4

28th October 1998

Dear Sir,

Yesterday we received a substantial order from Golf Supply Shop of Ribblesdale, Derbyshire, with whom we have had no previous dealings. They request that we supply them on open account terms and have referred us for information regarding their financial standing to their bankers, the Western Bank, Old Street, Manchester.

We should be very much obliged if you could contact the Western Bank for the required information. In particular, we would like to know if the financial position of Golf Supply Shop Ltd. is considered strong, and if we would be justified in letting them have goods on credit to the extent of £ 1,500 at any one time.

Any other information which you could obtain concerning the general reliability of this company and their promptness in settling their accounts would be most welcome and would, of course, be treated as strictly confidential.

Yours faithfully,

Dennis Bartelby
Manager

When a buyer makes regular purchases with a supplier, he will inevitably ask for open account terms. Before the seller can calculate how much credit to grant, he needs to know what kind of reputation the buyer has, the approximate size of his business and how he settles his accounts. He can obtain this information from references given by the buyer or, as in this example, through his bank.

USEFUL EXPRESSIONS

☞ They wish to do business with us and have asked for three months' credit.
☞ We would be grateful if you could supply us with information about the firm's standing.
☞ Please make enquiries as to the standing of the company.
☞ Would we be justified in extending them credit facilities to the value of £ 1,000 ?

Messrs. Brown & Gibson Ltd.

89-91 Hadley Street
Newcastle ND2 7FO

Northern Product Ltd
82 Castle Parade
Edinburgh ED9 6RS

18 de agosto de 1998   **CONFIDENCIAL**

Muy Sres. míos:

Los Sres. R. Kyle de Westmareland Street, Dumfries, nos han facilitado su nombre con el fin de que nos den Vds. a conocer su situación financiera, ya que nos han solicitado que les suministremos mercancías por valor de 750 libras en un primer pedido.

Les estaríamos muy agradecidos si nos pudieran facilitar cualquier información sobre sus actividades y el alcance de sus transacciones, pues nos informan que pueden hacernos pedidos mayores en el futuro. Concretamente, nos gustaría saber si en su opinión nos arriesgaríamos al concederles un crédito de 750 libras en su primer pedido, y hasta qué cantidad creen ustedes que podríamos llegar con seguridad en el futuro. Como tenemos entendido que sus necesidades podrían rondar las 2.000 libras mensuales, les rogamos nos den su opinión respecto a su capacidad para hacer frente a responsabilidades de esta índole.

Incluimos un sobre con sello y dirección para su respuesta y le agradecemos su amabilidad. Pueden ustedes estar seguros que cualquier información que nos proporcionen será tratada con la más estricta reserva.

Atentamente,

Peter Wainwright
Director General

Al requerir información sobre la situación financiera de un comprador el remitente debe tener en cuenta que el destinatario de la carta está en la obligación de contestar. Las personas que dan la información lo hacen como un favor. Por lo tanto las cartas deben ser corteses y expresar agradecimiento. También deben garantizar un tratamiento confidencial.

EXPRESIONES ÚTILES

☞ Ni qué decir tiene que cualquier información que nos puedan facilitar será tratada con la mayor reserva.

☞ Elf Maintenance Limited desea abrir una cuenta con nosotros y nos ha dado su nombre como referencia.

☞ ¿Podría darnos su opinión sobre la fiabilidad de esta empresa?

Messrs. Brown & Gibson Ltd.

89-91 Hadley Street
Newcastle ND2 7FO

**Northern Product Ltd
82 Castle Parade
Edinburgh ED9 6RS**

18ᵗʰ August 1998   **CONFIDENTIAL**

Dear Sirs,

We have been referred to you for information on their credit standing by Messrs. R. Kyle of Westmareland Street, Dumfries, who have asked us to supply goods to the value of £750 against their first order.

We should be very grateful to you for any information you can give about their activities and the scope of their transactions, as they inform us that they may place further and larger orders. In particular, we should like to know whether you think we should be taking a fair risk in granting a £750 credit in respect of this first order, and up to what amount you think we could go with safety in the future. As we understand that their requirements may be to the amount of £2,000 monthly, we should be grateful to you for an opinion on their ability to meet a liability of this size.

We enclose a stamped addressed envelope for your reply and thank you for your courtesy. You may be assured that any information you give will be treated in the strictest confidence.

Yours faithfully,

Peter Wainwright
Managing Director

In requesting information on the financial status of a buyer, the writer should bear in mind that the reader of the letter is under the obligation to reply. Those who give information do so as a favour. Letters should therefore be polite and appreciative and should give assurance of confidential treatment.

USEFUL EXPRESSIONS

◧ It goes without saying that any information you may supply will be treated as strictly confidential.
◧ Elf Maintenance Limited wish to open an account with us and have given your name as a reference.
◧ Could you give us your opinion as to the reliability of this company ?

NORTHMINSTER BANK LTD.

Lower Walton Road
London EC4

GOLDFORAMA LTD.
39-41 Castle STreet
Hendon, Middlesex M14 3XF

7 de noviembre de 1998

Apreciado Sr. Bartleby:

Con referencia a su solicitud de información del 28 de octubre de 1998 sobre Golf Supply Shop Ltd. de Riddlesdale, Derbyshire, nos hemos puesto en contacto con el Western Bank, tal y como nos lo solicitaron. Este banco nos informa que la mencionada compañía son unos comerciantes que llevan muchos años establecidos y que gozan de una excelente reputación dentro de su sector; se les puede considerar muy solventes para el crédito que mencionan, ya que cuando se les han concedido créditos parecidos en ocasiones anteriores, sus cuentas siempre han sido liquidadas puntualmente.

Esta información es solamente para su uso particular y se facilita sin ninguna responsabilidad por nuestra parte.

Muy atentamente,

Derek Bellis
Director

Las respuestas a las demandas de referencias bancarias deberían ser útiles pero breves. No es necesario escribir la historia de la empresa en cuestión, pero debe decirse lo suficiente como para dar al solicitante de información una buena base para tomar una decisión. Por lo general los bancos responden muy escuetamente. La carta siguiente es la respuesta a la 7.1.

EXPRESIONES ÚTILES

☞ Bottomly Ltd. tiene una sólida reputación y llevan establecidos en este sector desde el año 1965.
☞ Tiene abierta una cuenta con este banco desde hace 25 años y sus cuentas siempre han sido liquidadas puntualmente.
☞ Estamos dispuestos a garantiza la solidez de la gestión y de las finanzas de esta empresa.
☞ Tienen fama de ser una empresa de gran integridad.

NORTHMINSTER BANK LTD.

Lower Walton Road
London EC4

GOLFORAMA LTD.
39-41 Castle Street
Hendon, Middlesex M14 3XF

7th November 1998

Dear Mr. Bartleby,

With reference to your enquiry of 28th October 1998 concerning Golf Supply Shop Ltd. of Ribblesdale, Derbyshire, we have been in contact with the Western Bank, as requested. They inform us that the above mentioned company are old established dealers with an excellent reputation and a high-standing in the business community ; furthermore, that they may be considered safe for the credit you mention, since, when similar amounts of credit have been granted them on a number of previous occasions, their accounts have always been settled on time.

This information is for your own use only and is given without responsibility.

Yours faithfully,

Derek Bellis
Manager

Replies to credit status enquiries should be helpful but brief. It is unnecessary to write a history of the firm in question, but enough should be said to give the enquirer a fair basis for reaching a decision. Banks usually answer very briefly indeed. The following letter is in reply to 7.1

USEFUL EXPRESSIONS

☞ Bottomly Ltd. enjoy a solid reputation and have been established in this area since 1965.

☞ Their account has been with our bank for 25 years and their bills have always been settled on time.

☞ We are able to testify to the sound management and finances of this company.

☞ They have the reputation of being a company of the highest integrity.

NORTHERN PRODUCTS LTD.

82 Castle parade
Edinburgh ED9 6RS

**Sres. Brown & Gibson Ltd.
89-91 Hadley Street
Newcastle ND2 7FO**

24 de agosto de 1998

Muy Sres. nuestros:

En respuesta a su carta del 18 de agosto de 1998 en la que nos solicitan información sobre R. Kyle & Co. de Westmareland Street, Dumfries, tenemos el agrado de darles la siguiente información.

Establecidos en 1955 como importadores/exportadores, tienen ahora un sólido negocio con una alta facturación. Poseen unos buenos locales y su plantilla es de 18 empleados. Sus directores son muy conocidos a nivel local y gozan de alta estima. Llevamos muchos años teniendo relaciones comerciales con esta empresa y podemos dar fe de a su solidez.

Nuestra opinión es que el crédito que Vds. mencionan puede ser concedido con total seguridad.

Esperamos que esta información les sirva de ayuda, pero quisiéramos recordarles que la facilitamos sin ninguna responsabilidad por nuestra parte.

Atentamente,

Roger Dewly
Director General

Una respuesta favorable a una solicitud de información sobre la solvencia de una empresa puede: (1) indicar que la empresa en cuestión goza de una buena reputación y de una gestión sólida, (2) señalar que, por lo tanto, la compañía es de toda confianza, y (3) considerar que el crédito se puede conceder sin ningún problema. La siguiente carta es una respuesta a la 7.2.

EXPRESIONES ÚTILES

☞ Podemos recomendarles a Markby & Crey y les concederíamos sin ninguna duda las facilidades de crédito que han solicitado.
☞ En vista de la excelente reputación de esta compañía, la consideraríamos como muy segura y merecedora de crédito.
☞ En nuestra opinión, la facturación de esta compañía es muy importante.
☞ Creemos que un crédito de 1.000 libras es un riesgo razonable.

NORTHERN PRODUCTS LTD.

82 Castle parade
Edinburgh ED9 6RS

**Messrs. Brown & Gibson Ltd.
89-91 Hadley Street
Newcastle ND2 7FO**

24th August 1998

Dear Sirs,

In reply to your letter of 18th August 1998 in which you enquire about R. Kyle & Co. of Westmareland Street, Dumfries, we are pleased to give you the following information.

Established in 1955 as import/export dealers, they now have a sound business with a high turnover. They own good premises and have an office staff of 18. Their directors are well-known locally and are well thought of. We have done business with this firm for many years and can testify to their reliability.

Our opinion is that the credit you mention could safely be granted.

We hope this information will be of assistance to you, but would nevertheless remind you that it is given without any responsibility on our part.

Yours faithfully,

Roger Dewly
General Manager

A favourable reply to an enquiry regarding credit status may (1) indicate that the firm in question enjoys a good reputation and sound management, (2) point out that consequently the firm is trustworthy, and (3) conclude that credit may safely be granted. The following is a reply to 7.2.

USEFUL EXPRESSIONS

☞ We can recommend Markby ☞ Grey to you and would most definitely grant them the credit facilities they have requested. ☞ In view of the excellent reputation of this company, we would consider it as safe and credit-worthy. ☞ We believe that the turnover of this company is quite considerable. ☞ We think a credit of £1,000 a fair risk.

Marlowe Enquiry Agency

Hampstead House, Norton Lane
Bristol BR8 4GF

Sres. Sutton y Dixon Ltd.
79 Bury Road, Salisbury

13 de noviembre de 1998

Estimado Sr. Sutton:

Hemos llevado a cabo una investigación sobre la empresa mencionada en su carta del 9 de octubre y debemos informarle que consideren cuidadosamente el crédito a conceder en este caso.

en los dos últimos años, esta compañía ha sido demandada en 2 procesos judiciales sobre reclamaciones de deudas impagadas, aunque en cada caso el pago se realizó posteriormente.

El problema de esta empresa, con un capital inicial (1985) de 2.000 libras, parece ser el exceso de compras. Como resultado, la mayor parte de los proveedores les conceden muy poco crédito e incluso exigen pagos al contado.

Esta información es estrictamente confidencial y se da sin ninguna responsabilidad por nuestra parte.

Atentamente,

F. Marlowe

Se debe tener mucho cuidado al facilitar una información negativa o desfavorable, ya que en muchos países puede dar lugar a una demanda judicial. En tales casos es más seguro decir que no se puede dar una información favorable, y dejar que el solicitante extraiga sus propias conclusiones. La carta siguiente, escrita por una agencia especializada en informes, es algo más detallada.

EXPRESIONES ÚTILES

☞ En respuesta a su petición de informe FD/AA del 9/9/98, lamentamos decirles que no podemos darles en este caso información alguna. Les aconsejaríamos que actuaran con precaución.
☞ Preferiríamos no expresar nuestra opinión sobre esta empresa.
☞ Se sabe que esta compañía está muy endeudada. Se aconseja precaución.
☞ Recomendamos no superar un crédito de 3.000 libras.

Marlowe Enquiry Agency

Hampstead House, Norton Lane
Bristol BR8 4GF

**Messrs. Sutton and Dixon Ltd.
79 Bury Road, Salisbury**

13th November 1998

Dear Mr. Sutton,

We have completed our enquiries concerning the firm mentioned in your letter of 9th October and must advise you to consider carefully the credit you give in this case.

In the past 2 years this company has been the defendant in 2 court cases involving claims for non-payment of sums due, although payment was subsequently made in each instance.

Overbuying would appear to be a fault in this firm, whose registered capital (1985) was £2,000. As a result, most of their suppliers give them very short credit or supply only on a cash basis.

This information is strictly confidential and is given without responsibility on our part.

Yours faithfully,

F. Marlowe

Great care must be exercised when giving negative or unfavourable information, as, in many countries, it might well lead to an action for libel. A safe course in such cases is to say that you cannot give any favourable information, and leave the enquirer to draw his own conclusions. The following letter, from an enquiry agency, is somewhat more detailed.

USEFUL EXPRESSIONS

▣ Replying to your enquiry FD/AA of 9/9/98, we regret to say that we cannot give information in this case. We would advise you to act with caution.

▣ We would rather not express an opinion on this firm.

▣ This company is known to be heavily committed. Caution is advisable.

▣ We advise against exceeding a credit of £3,000.

Talking Clocks Ltd.

19 Oxford North Road
Oxon ON35 7JP
Tel : 01865 784 945 — Fax : 01865 86 947
e-mail : clocksco @ subserve.uk.co

El Director Comercial R.G.B.
Eduardo Dato 40
28028 Madrid, España

18 de mayo de 1999

Estimado Sr. Gobert:

Agradezco su carta del 14 de mayo en la que solicitan una oferta. En respuesta, le enviamos nuestra tarifa de precios FOB Southampton, junto con los catálogos de nuestros últimos modelos.

Nuestros pedidos para la exportación suelen llevarse a cabo en condiciones de pago contra documentos (D/P) mediante giro bancario al Continental Bank, sucursal de Southampton. El Conocimiento de Embarque se facilita en el momento del pago de la factura.

Estamos seguros de que estará usted satisfecho con la calidad de nuestra mercancía y nuestros servicios, y confiamos en que las condiciones establecidas sean asimismo satisfactorias.

A la espera de recibir su pedido en breve, le saludamos muy atentamente,

G. Andrews
Director de Exportación

En respuesta a la solicitud de oferta de un cliente, el vendedor establece sus condiciones de pago habituales. Una respuesta directa será: (1) referirse a la solicitud de oferta o al pedido, (2) explicar las condiciones de pago y mencionar todos los documentos necesarios, (3) dar cualquier otro detalle importante y (4) expresar la esperanza de que el negocio podrá realizarse.

EXPRESIONES ÚTILES

▣ Gracias por su pedido núm. 412-1 del 23 de marzo. Incluimos nuestra factura pro forma para el envío C&F junto con el Conocimiento de Embarque núm. 232.

▣ Nuestras condiciones habituales son de Pago al Contado.

▣ Al recibo de nuestra factura pro forma, sírvanse dar las instrucciones necesarias para proceder al pago por giro.

▣ Nuestro banco ha recibido instrucciones para emitir una Carta de Crédito (L/C) por valor de 17.000 dólares USA como abono de su factura nº 862.

Talking Clocks Ltd.

19 Oxford North Road
Oxon ON35 7JP
Tel : 01865 784 945 — Fax : 01865 86 947
e-mail : clocksco @ subserve.uk.co

The Sales Manager R.G.B.
Eduardo Dato 40
28028 Madrid, Spain

18th May 1999

Dear Mr. Gobert,

Thank you for your letter of enquiry of 14th May, in reply to which we are sending you our price list, all prices FOB Southampton, together with brochures describing our latest models.

Our export orders are usually transacted on documents against payment (D/P) terms by banker's draft on the Continental Bank, Southampton Branch. The Bill of Lading is released on payment of our invoice.

We are sure that you will be satisfied with the quality of our goods and services, and trust that the terms outlined here will likewise be suitable.

We look forward to receiving your order.

Yours sincerely,

G. Andrews
Export Manager

In response to a customer enquiry, the seller states his usual terms of payment. A straightforward reply will : (1) refer to the enquiry or order, (2) explain the terms of payment and mention any documents involved, (3) give any other relevant details, and (4) express the hope that business can now be done.

USEFUL EXPRESSIONS

☞ Thank you for your order no. 412-1 of 23rd March. We enclose our pro forma invoice for the shipment C&F together with the Bill of Exchange no. 232.

☞ Our usual terms are C.W.O. (Cash With Order).

☞ On receipt of our pro forma invoice, please give the necessary instructions to ensure payment by banker's draft.

☞ Our bank has been instructed to arrange for a Letter of Credit (L/C) for US$17,000 to be paid against your pro forma invoice no. 862.

The Polytechnic of North London

Prince of Wales Road
Kentish Town
London NW5 3LB

**Prescott &Co. Stationers
5 Whitechapel Road
Londres EC1Y 4UP**
Atención: Departamento contable

3 de octubre de 1998   **Ref: CB/456/gd**

Muy Sres. míos:

Hemos recibido los tres pedidos de prueba que les pasamos entre julio y septiembre y tenemos el agrado de comunicarles que tanto la calidad de su producto como la de su servicio han sido excelentes.

Por lo tanto nuestra intención es aumentar el volumen de los pedidos sobre una base mensual regular, agradeciéndoles un giro a 90 días en lugar de abonar la factura a 30 días.

Los Sres. Jones & Sons, Impresores, nos vienen suministrando en estas condiciones desde hace 3 años. Si lo desean pueden tomar contacto con ellos a este respecto.

Estas condiciones simplificarían nuestras transacciones comerciales con ustedes y por ello razón esperamos sinceramente que nos las concedan. Podemos suministrarles más referencias, si las consideran Vds. necesarias.

Atentamente,

Candice Blick
Jefe de Administración

Al solicitar nuevas condiciones, (1) recuerde al proveedor las transacciones anteriores y las condiciones de pago vigentes hasta el momento, (2) explique al proveedor los cambios que le gustaría hacer, (3) explique sus razones, (4) ofrezca al menos una referencia y (5) exprese la esperanza de recibir una respuesta positiva.

EXPRESIONES ÚTILES

☞ Llevamos más de un año teniendo relaciones comerciales con ustedes y nos gustaría comunicarles que estamos muy satisfechos con la mercancía que nos han suministrado.
☞ Nuestro método de pago actual por medio de carta de crédito nos resulta poco práctico.
☞ Por lo tanto, quisiéramos que nos suministraran la mercancía en pagos mensuales, liquidación a 90 días fecha de factura.

The Polytechnic of North London

Prince of Wales Road
Kentish Town
London NW5 3LB

**Prescott & Co., Stationers,
5 Whitechapel Road
London EC1Y 4UP**
Attn: Accounts Dept.

3rd October 1998   **Ref: CB/456/gd**

Dear Sirs,

We have now received three trial orders placed with you between July and September and are pleased to say that the quality of the goods and the service have been equally outstanding.

We therefore intend to place an increasing volume of orders on a regular monthly basis and would greatly appreciate it if, instead of payment on invoice at 30 days, we could settle at 90 days.

Messrs. Jones & Sons, Printers, have been supplying us on these terms for the past 3 years and you may, if you wish, contact them on the subject.

These terms would simplify our business transactions with you and for that reason we sincerely hope that you will grant them to us. We can, of course, supply further references, should you deem them necessary

Yours faithfully,

Candice Blick
Head of Administration

When asking for new terms, (1) remind your supplier of past business and of the terms of payment in force until now, (2) tell the supplier what changes you would like to be made, (3) explain your reasons, (4) offer at least one reference, and (5) express the hope of a positive reply.

USEFUL EXPRESSIONS

☞ We have now been doing business with you for more than a year and are pleased to say that we are more than satisfied with the goods you have supplied.
☞ Our present method of payment by letter of credit has become inconvenient.
☞ We would therefore like you to supply us on monthly account terms, payment against statement within 90 days.

Prescott & Co., Stationers,

5 Whitechapel Road
London EC1Y 4UP

La Politécnica
del Norte de Londres
Prince of Wales Road
Kentish Town
Londres NW5 3LB
Atención: Sra. Candice Blick

8 de octubre de 1998   Ref: JB/321

Estimada Sra. Blick:

Agradecemos su carta del 3 de octubre en la que nos solicita una cuenta de crédito abierta con liquidaciones a 90 días. Tenemos el agrado de informarle que no tenemos ningún inconveniente en concederles las nuevas condiciones de pago, que entrarán en vigor el 1 de noviembre.

Estamos encantados de que estén Vds. satisfechos con los artículos y los servicios suministrados por Prescott y Co., esperando que nuestras relaciones comerciales sean largas y fructíferas.

Atentamente,

John Banks
Contable

La siguiente carta es una respuesta a la petición de la carta 8.2. El proveedor está deseando conceder condiciones de pago favorables a un cliente tan prometedor. Establece claramente las nuevas condiciones y expresa su satisfacción ante la perspectiva de nuevos pedidos.

EXPRESIONES ÚTILES

⊟ Gracias por su carta del 18 de junio en la que nos solicitan que les concedamos una cuenta abierta mensual.

⊟ Nos agrada saber que se proponen incrementar sus negocios con nosotros y estamos dispuestos a acceder a su petición.

⊟ Esperamos servirles en breve y nos complace saber que están ustedes satisfechos con la mercancía que les hemos suministrado.

⊟ Estas nuevas condiciones de pago entrarán en vigor el 3 de abril de 1999.

Prescott & Co., Stationers,

5 Whitechapel Road
London EC1Y 4UP

**The Polytechnic
of North London
Prince of Wales Road
Kentish Town
London NW5 3LB**
Attn : Ms Candice Blick

8th October 1998   Ref : JB/321

Dear Ms,

We thank you for your letter of 3rd October in which you request open account terms with payment against quarterly statement at 90 days. We are pleased to inform you that we have no objection whatever to granting these new terms of payment. They will take effect from 1st November.

We are delighted that you are satisfied with the goods and services provided by Prescott and Co. and look forward to a long and fruitful business relationship.

Yours faithfully,

John Banks
Accountant

The following letter is in reply to the request in 8.2. The supplier is only too happy to accord some favourable terms of payment to such a promising customer. He states the new terms clearly and expresses his satisfaction at the prospect of future orders.

USEFUL EXPRESSIONS

☞ Many thanks for your letter of 18th June in which you ask us to place you on monthly account terms.
☞ We are pleased to hear that you propose to increase your business with us and are quite willing to comply with your request.
☞ We look forward to serving you and are delighted to hear that you are satisfied with the goods we have supplied.
☞ These new terms of payment will take effect from 3rd April 1999.

Philpott Pharmaceuticals

9b Dover Street
London W1X 3RB
United Kingdom

En esta carta, el proveedor reconoce y confirma las modificaciones de las condiciones de pago estipuladas en un contrato ya existente. Los nuevos términos varían en función del pedido y tienen efecto inmediato.

**Ministro de Salud
P.O. Box XX1
Abu Dhabi
United Arab Emirates**
Atención: Director Financiero

6 de mayo de 1998   **Ref: TOR/1234/gd**

Muy Sr. mío:

*Asunto: Nuevas condiciones de pago -
Enmiendas al contrato TOR/12/96*

Siguiendo a nuestra conversación telefónica del 5 de mayo de 1998, quisiéramos confirmar que las nuevas condiciones de pago, de aplicación inmediata, son las siguientes:

1) Para pedidos urgentes por flete aéreo:
El pago de los aranceles y los portes será efectuado a la recogida de la mercancía. El coste de la mercancía será liquidado por I.M.O. contra documentos de envío.

2) Para envíos en contenedores por barco:
El pago se efectuará por transferencia bancaria a los 30 días del recibo de la factura. Un descuento del 2% se aplicará automáticamente si el pago se efectúa dentro de los 30 días estipulados, y se entregará una Nota de Crédito.

3) Para envíos en buques de línea.
Las condiciones de pago serán las mismas C&F Abu Dhabi, Incoterms 1990, pero los pagos serán efectuados por Carta de Crédito irrevocable y confirmada abierta por ustedes en un banco conocido de nuestra elección.

Efectuaremos las correspondientes enmiendas en nuestro contrato y se lo enviaremos para su firma.

Atentamente,

Timothy O'Reilly
Director Comercial

Philpott Pharmaceuticals

9b Dover Street
London W1X 3RB
United Kingdom

Ministry of Health
P.O. Box XX1
Abu Dhabi
United Arab Emirates
Attn: Finance Manager

6th May 1998   Ref : TOR/1234/gd

Dear Sir,

Subj: New Terms of Payment —
Amendment to Contract TOR/12/96

Further to our telephone conversation of 5th May 1998, we would like to confirm that the new terms of payment, immediately applicable, are as follows :

1) For urgent airfreight orders
Payment shall be by AirFreight Collect for shipping and duties. The cost of the goods shall be settled by I.M.O. against shipping documents.

2) For container shipments, seafreight
Payment shall be by bank transfer within 30 days of receipt of the commercial invoice. A discount of 2% shall apply automatically if payment is effected within the stipulated 30 days and a Credit Note will be issued.

3) For conference liner shipment, seafreight
Applicable terms of payment shall remain C&F Abu Dhabi, Incoterms 1990, but payment shall be by irrevocable and confirmed L/C opened by you with a reputable bank of our choice.

We will issue the corresponding amendment to our Contract and will forward it to you for signature.

Yours sincerely,

Timothy O'Reilly
Commercial Manager

In this letter, the supplier acknowledges and confirms modifications of the terms of payment stipulated in an existing contract. The new terms are to vary with the nature of the order and are to take immediate effect.

WHISTLETOP LTD.

13A High Street
Colchester, Essex CO2 2HO
United Kingdom
Tel : 01832 687 945
Fax : 01832 687 947

Sr. Francisco Noiret
Bidasoa SARL
20.300 Irún, España

16 de agosto de 1999   O/Ref: GD/fd
                             Y/Ref: mm/blr

Se alcanza la etapa final de la negociación de las condiciones de pago, y el comprador, habiéndose asegurado un descuento satisfactorio, acepta las condiciones y hace sus pedidos.

Estimado Sr. Noiret:

Agradezco su llamada telefónica del 10 de agosto así como su carta del 12 de en la que confirma el descuento especial del 5% que está usted dispuesto a concedernos. Por nuestra parte, confirmamos la aceptación de los términos e incluimos nuestro pedido nº LG3214/N de 5 ascensores hidráulicos.

De acuerdo con sus condiciones de pago, hemos dado instrucciones al Barclays Bank International para que abran un crédito por valor de 15.500 dólares USA a su favor, con validez hasta el 10 de febrero de 1999. Este crédito estará confirmado por Barclays Bank International, Av. de la Libertad 10, San Sebastián. Aceptaremos su giro a 60 días a dicho Banco por el importe de su factura.

Les rogamos incluyan en el giro los documentos siguientes:
• 2 Conocimientos de Embarque
• 2 Facturas comerciales
• Póliza de Seguro por valor de 16.000 dólares USA.

Su factura debe ser emitida en condiciones CIF Southampton. La cantidad de nuestro crédito cubre estas condiciones así como la comisión bancaria.

Les agradeceríamos confirmaran el pedido a la mayor brevedad.

Atentamente,

R. Rogers
Director del Almacén

WHISTLETOP LTD.

13A High Street
Colchester, Essex CO2 2HO
United Kingdom
Phone : 01832 687 945
Fax : 01832 687 947

**Sr. Francisco Noiret
Bidasoa SARL
20300 Irún, Spain**

16ᵗʰ August 1999   O/Ref: GD/fd
                       Y/Ref: mm/blr

Dear Mr. Noiret,

Thank you for your telephone call of 10ᵗʰ August and for your letter of 12ᵗʰ August confirming the special discount of 5% which you are willing to allow us. For our part, we confirm our acceptance of the terms and enclose our order no. LG3214/N for 5 hydraulic lifts.

In accordance with your terms of payment, we have instructed Barclays Bank International to open a credit for US$15,500 in your favour, valid until 10ᵗʰ February 1999. This credit will be confirmed by Barclays Bank International, Avd de la Libertad 10, San Sebastian. We will accept your draft on them at 60 days for the amount of your invoice.

Please attach the following documents to your draft :
- 2 B/L
- 2 commercial invoices
- insurance policy for US$16,000.

Your invoice should include CIF Southampton. The amount of our credit covers this as well as bank commission.

Your early confirmation of this order will be appreciated.

Yours sincerely,

R. Rogers
Warehouse Manager

The final stage is reached in negotiating terms of payment and the buyer, having secured a satisfactory discount, accepts the terms and places his orders.

EXCELSIOR HOTEL

Old Church Road
London NE13 K51

Robert Stevens e Hijos
22-26 The Arcade
Londres SE6 Z42

1 de agosto de 1999

Estimado Sr. Stevens:

Quisiéramos cancelar nuestro pedido del 18 de julio de 1999 (Núm. HES-304/98) consistente en 4 tresillos de lujo de su serie «Naturales».

Como quizá se hayan enterado ya por la prensa de la semana pasada, el Hotel Excelsior ha sido adquirido inesperadamente por el Grupo Al-Hashemi. Los nuevos propietarios nos han dado instrucciones para que suspendamos todas las compras extraordinarias cuyo valor supere las 20.000 libras. Esto, por supuesto, incluye el pedido que les habíamos hecho a ustedes.

Lamentamos profundamente la cancelación de este pedido pero en las circunstancias actuales no tenemos otra alternativa.

Teniendo en cuenta nuestras largas relaciones, esperamos que comprendan ustedes esta petición. Tenemos todas las razones para suponer que tan pronto como la nueva dirección haya tenido la oportunidad de examinar la situación, el pedido de estos artículos de alta calidad será renovado.

Les ruego acepten mis excusas personales por las molestias que les hayamos podido ocasionar.

Atentamente,

R. Johnson
Director General

Después de haber pasado el pedido, pueden surgir ciertos problemas que dificulten su ejecución: huelgas, incendios, catástrofes naturales, o problemas concretos de la empresa, como repentinos cambios de precios, modificaciones en la producción, dificultades financieras. Si por uno de estos motivos fuese necesario cancelar el pedido, el comprador debe contactar urgentemente con el proveedor para explicar la situación y solicitar su comprensión.

EXPRESIONES ÚTILES

☞ Como la demanda de este material ha caído repentinamente, quisiéramos modificar nuestro pedido.

☞ Como no han podido ustedes efectuar la entrega dentro del plazo establecido, no tenemos otra alternativa que cancelar el pedido.

☞ Lamentamos muchísimo tener que rogarles que cancelen este pedido.

☞ Esperamos que esta modificación no les cause ninguna molestia.

EXCELSIOR HOTEL

Old Church Road
London NE13 K51

Robert Stevens & Sons
22-26 The Arcade
London SE6 Z42

1st August 1999

Dear Mr. Stevens,

We wish to cancel our order of 18th July 1999 (No. HES-304/98) for 4 luxury suites in your "Naturals' series.

As you may have learned from last week's press, the Excelsior Hotel has unexpectedly been taken over by the Al-Hashemi Trading Group. The new owners have instructed us to suspend all non-routine business in hand for amounts exceeding £20,000. This, of course, includes the order we placed with you.

We deeply regret having to cancel this order but in the circumstances have no choice whatever.

Bearing in mind our long-standing connection, we trust you will agree to this request. We have every reason to hope that as soon as the new management has had the opportunity to examine the situation, the order for these high-quality items will be renewed.

Please accept my personal apologies for the inconvenience caused.

Yours sincerely,

R. Johnson
General Manager (Acting)

Once an order has actually been placed, any number of problems may arise to thwart its execution : strikes, fires, natural catastrophes, or more mundanely, sudden price changes, production modifications, or financial difficulties. If, for any such reason, it becomes necessary to cancel the order, the buyer must urgently contact the supplier to explain the situation and to solicit his understanding.

USEFUL EXPRESSIONS

☞ As demand for this material has suddenly dropped, we wish to modify our order.
☞ As you have failed to deliver within the specified time, we have no alternative but to cancel this order.
☞ It is with regret that we must ask you to cancel this order.
☞ We trust this modification will not cause you any inconvenience.

LINFORD INDUSTRIES

Glamorgan, Pontypridd, CF37 1DL
Tel : 01443 482 999
hlinford@glam.ws.uk

South Wales Textiles Ltd.
Mill Street
Bridgend, Glamorgan

12 de julio de 1999

Estimado Sr. Thomas:

Agradecemos el pedido incluido en su carta del 9 de julio de 1999.

Después de considerarlo con mucha atención, hemos llegado a la conclusión de que sería mejor para Vds. que se dirigieran en estos momentos a otro fabricante. El mecanizado según sus especificaciones requeriría el montaje de un equipo especial en nuestros talleres; esto no sólo nos resultaría imposible antes de septiembre, sino que entorpecería seriamente nuestra producción normal. Asimismo, el coste del montaje de dicho equipo sería prohibitivo.

Esperamos que comprenderá usted las circunstancias que nos obligan en esta ocasión a rechazar su pedido. En cuanto a futuros proyectos, puede usted estar seguro de que haremos todo lo que esté en nuestras manos para satisfacer sus necesidades.

Sin otro particular, le saluda atentamente.

Horace Linford
Director

Aunque no suele ser frecuente, puede ocurrir que el vendedor rechace un pedido. En la carta siguiente, por ejemplo, un fabricante se ve obligado, por razones técnicas, a rechazar a un cliente. Una carta como ésta requiere un tacto considerable si se desea seguir manteniendo relaciones comerciales con ese cliente en el futuro.

EXPRESIONES ÚTILES

🖃 Como no podríamos garantizar la entrega antes del invierno, creemos que debemos devolverle su pedido con nuestras excusas y nuestro agradecimiento.

🖃 Por mucho que nos gustaría entablar relaciones comerciales con ustedes, consideramos imposible producir mercancía de calidad razonable a los precios que Vds. nos piden.

🖃 Los suministros de materia prima resultan imposibles de conseguir y no tenemos más remedio que rechazar su pedido.

🖃 Las dificultades de producción nos obligan por el momento a rechazar los pedidos de este modelo.

🖃 La producción de las pequeñas cantidades que Vd. menciona no sería rentable.

🖃 Al mismo tiempo que le agradecemos su pedido, debemos explicarle que suministramos únicamente a nuestros representantes autorizados de cada ciudad, y de momento no hemos considerado aumentar el número de vendedores en su área.

LINFORD INDUSTRIES

Glamorgan, Pontypridd, CF37 1DL
Phone : 01443 482 999
hlinford@glam.ws.uk

South Wales Textiles Ltd.
Mill Street
Bridgend, Glamorgan

12 de julio de 1999

Dear Mr. Thomas,

We thank you very much for the order enclosed with your letter of 9th July 1999.

After carefully considering it, however, we have come to the conclusion that it would be better for you to approach another manufacturer in this instance. To machine to your specifications would require the setting up of special equipment at our works, and this would not only be impossible before September, but would seriously disrupt our normal production. Also, the cost of setting up the required equipment would be prohibitive.

We hope you will understand the circumstances which compel us to decline your order on this occasion. As to future enquiries, you may be sure that we will do everything in our power to meet your requirements.

Yours truly,

Horace Linford
Manager

Although less frequently, it sometimes happens that the seller must refuse the order. In the following letter, for example, a manufacturer is obliged, for technical reasons, to turn a customer away. Such a letter requires considerable tact if one wishes to continue doing business with that customer in the future.

USEFUL EXPRESSIONS

▣ As we would not be able to guarantee delivery before this winter, we feel we must return your order with our apologies and thanks.

▣ Much as we should like to do business with you, we consider it impossible to produce goods of reasonable quality at the price you ask.

▣ Supplies of raw materials have become impossible to obtain and we have no choice but to decline your order.

▣ Production difficulties force us to decline further orders of this model for the time being.

▣ It would not be possible to produce economically the small quantity you mention.

▣ While thanking you for your order, we have to explain that we supply only to authorised dealers in each town, and at present we are not considering increasing the number of dealers in your area.

McCormick Bros.

42 Banbury Street,
Loughborough,
Leicestershire LE11 3TU
Tel : 01509-222-198

FIFE TEXTILES CO.
North Street, St Andrews
Fife KY169AJ

14 de noviembre de 1999

Muy Sr. mío:

Asunto: Pedido Nº 73/R

Agradecemos su carta del 9 de noviembre en relación con el pedido que les hemos cursado de:
   artículo 1 - 50 m. de tejido nº 69, peso completo, tartán.
   artículo 2 - 50 m. de tejido nº 92, peso medio, hilo jaspeado.

Vd. señala en su carta que debido a una huelga prolongada de los operadores de los telares no podrán suministrarnos este pedido antes de abril. Sin embargo deben saber que necesitamos el artículo 1 para la temporada de invierno y que una entrega en abril es demasiado tardía para nuestras necesidades.

Por lo tanto les rogamos se sirvan cancelar el artículo 1 de nuestro pedido y enviarnos 100 m. del artículo 2 en lugar de 50 m.

Les agradeceríamos la rápida confirmación de esta modificación.

Sin otro particular, les saluda atentamente.

Mary McDonald
Contabilidad

Varias razones pueden obligar a un comprador a modificar su pedido cuando ya ha sido cursado, principalmente después de que el proveedor le informe de un repentino aumento de precios, o, como en el siguiente ejemplo, de un retraso en la entrega.

EXPRESIONES ÚTILES

☞ Desearíamos modificar nuestro pedido núm. 683/L de 100 sartenes anti-adherentes. Si es posible quisiéramos aplazar este pedido.
☞ ¿Tendrían ustedes la amabilidad de sustituir el Modelo X21 por el Modelo XL21?
☞ Confiamos en que esta modificación no les cause ninguna molestia.
☞ Esperamos poder cursarles un pedido importante dentro de unas semanas para compensar esta cancelación.

McCormick Bros.

42 Banbury Street,
Loughborough,
Leicestershire LE11 3TU
Phone : 01509-222-198

Fife Textiles Co.
North Street, St Andrews
Fife KY16 9AJ

14th November 1999

Dear Sirs,

Subj. : Order No. 73/R

Thank you for your letter of 9th November regarding the order we have placed for :
  item 1 - 50 m., weave no. 69, full weight, tartan
  item 2 - 50 m., weave no. 92, medium weight, heather.

Your letter mentions that, owing to continued industrial action by loom-operators, you will be unable to supply this order before April at the earliest. You will appreciate, however, that we require item 1 primarily for the winter market, and that an April delivery is much too late for our purposes.

We would therefore request that you cancel item 1 of our order and, instead of 50 m. of item 2, supply us with 100 m.

We would be grateful for your prompt confirmation of this modification.

Yours sincerely,

Mary McDonald
Accounts

Various reasons may prompt a buyer to alter an order he has already placed, especially after the supplier informs him of sudden price increases or, as in the following example, of delays in delivery.

USEFUL EXPRESSIONS

☞ We wish to modify our order no. 683/L for 100 non-stick frying pan.
☞ If possible, we would like to postpone this order.
☞ Would you be so kind as to replace Model X21 by Model XL21.
☞ 'We trust that this modification will not cause you any inconvenience.
☞ We hope to be able to give you a substantial order within the next few weeks to make-up for this cancellation.

Appelby Cement Works

Stirling FK9 4LA
Tel : (01786) 467 008
Fax : (01786) 467-010

FORD CONSTRUCTION CO.
5 Stokeston Road
Londres NE5 ZB7

9 de Enero de 1999

Muy Sres. nuestros:

Agradecemos su carta del 6 de enero de 1999 y el pedido adjunto nº 41/A/fc de 25 toneladas de cemento rápido «Holdfast». Lamentamos informarles que desde su lanzamiento hace 4 meses este producto se ha hecho tan popular que nos encontramos de momento sin existencias, y por lo tanto no podremos servirle en el plazo mencionado en su carta.

Sin embargo, como sus necesidades son urgentes, nos hemos tomado la libertad de enviarle 5 toneladas de nuestro cemento «Tightgrip», pues éste es el producto más parecido que tenemos en existencia. Dentro de una gama de temperaturas de -25ºC a -60ºC, las propiedades del «Tightgrip» y del «Holdfast» son idénticas.

Si encuentra que «Trightgrip» es aceptable para sus propósitos, tendremos mucho gusto en completar inmediatamente el pedido con este producto. Alternativamente, si encuentran que este envío de «Tightgrip» es suficiente para cubrir sus necesidades inmediatas, podríamos suministrarle el resto del pedido de «Holdfast» dentro de unas 3 semanas.

Les rogamos nos indiquen cual de estas dos propuestas les resulta más conveniente y acepten nuestras excusas por las molestias causadas.

Atentamente,

B. H. Thorpe
Departamento de ventas

En el siguiente ejemplo, el vendedor, que no está dispuesto a perder un pedido por encontrarse temporalmente sin existencias, envía un artículo de sustitución para cumplimentar parcialmente el pedido. Esto es un tanto arriesgado, pues el comprador tiene derecho a rechazar el envío. Por lo tanto, el vendedor debe justificar su acción y demostrar que su preocupación principal es servir al cliente (y no limitarse a hacer la venta).

EXPRESIONES ÚTILES

☞ Sírvanse llamarnos por teléfono o enviarnos un fax a la mayor brevedad si les parece bien esta modificación.

☞ Como nos resulta imposible coincidir con la calidad de su muestra, les enviamos el producto más parecido que tenemos disponible.

Appelby Cement Works

Stirling FK9 4LA
Tel : (01786) 467 008
Fax : (01786) 467-010

Ford Construction Co.
5 Stokeston Road,
London NE5 ZB7

9ᵗʰ January 1999

Dear Sirs,

We are grateful to you for your letter of 6ᵗʰ January 1999 and accompanying order no. 41/A/fc for 25 tons of our "Holdfast" quick-setting cement. We regret to inform you, however, that since its introduction 4 months ago, this product has proved so popular that, for the time being, we are completely out of stock and, consequently, unable to meet the deadline mentioned in your letter.

However, as your requirements are urgent, we have taken the liberty of despatching 5 tons of our "Tightgrip" cement, as this is the nearest substitute we have in stock. Within a temperature range of -25°C to -60°C, the properties of "Tightgrip" and "Holdfast" are identical.

If you find that "Tightgrip" is acceptable for your purposes, we will be happy to immediately supply the balance of the order with this product. Alternatively, if you find that this consignment of "Tightgrip" is sufficient to meet your immediate needs, we should be able to supply the balance of the order in "Holdfast" in approximately 3 weeks.

Please let us know which of these proposals suits you better and accept our apologies for the inconvenience caused.

Yours sincerely,

B.H. Thorpe
Sales Dept.

In the following example, the seller, reluctant to lose an order because he is temporarily out of stock, sends a substitute in partial execution of the order. This is a risky procedure, as the buyer would be well within his rights if he refused to accept the consignment. Consequently, the seller must justify his actions and be seen to be principally concerned with serving the customer (as opposed to simply making the sales).

USEFUL EXPRESSIONS

☞ Please phone or fax us immediately if this modification is acceptable.
☞ As we are unable to match the quality of your sample, we are sending you the nearest substitute currently available.

Martinez Hnos

c/Los Enanitos 57
Polígono Indus. Las Rozas
Sevilla

Marvin Wholesalers Ltd.
84 Regent Walk
Manchester M60 1QD

2 de Marzo de 1999   **Num de ref. 426**

Muy Sres. nuestros:

Como ya se habrán enterado por los medios de comunicación, los camioneros franceses van a declararse en breve en huelga a nivel nacional, impidiendo, por lo tanto, que los camiones crucen su país.

Inicialmente habíamos planeado la entrega de su pedido nº 426 de 75 toneladas de ciruelas enlatadas en tres camiones, con fecha de salida de fábrica el 4 de marzo y fecha de llegada al almacén de Manchester el 6 de marzo. La única alternativa que nos queda es transportar la mercancía por mar en el ferry entre Gijón y Plymouth. Si optamos por esta solución, la mercancía les llegaría el 8 de marzo. El coste adicional sería de un millón de pesetas.

Dada la naturaleza urgente del pedido, hemos hecho una reserva en el ferry que sale de Gijón el 6 de marzo. Necesitamos su respuesta a esta propuesta antes del mediodía de mañana para poder confirmar la reserva.

Deben estar seguros de que estamos haciendo todo lo posible para minimizar el impacto de esta huelga en la entrega de su pedido.

Atentamente

Pedro Torres
Departamento de ventas

En el ejemplo siguiente se ha presentado una dificultad que está más allá del control tanto del comprador como del vendedor. Dada la importancia y la urgencia del pedido, la cuestión de limitarse a cancelar el pedido no se plantea, pues es evidente el interés por ambas partes en cooperar y encontrar una solución. El vendedor explica el problema, propone una salida y urge al comprador a que confirme si esta solución es aceptable.

EXPRESIONES ÚTILES.

☞ Si la huelga de transportistas no se resuelve antes de fin de mes, nos veremos obligados a cancelar este pedido.
☞ Si están ustedes dispuestos a soportar el coste adicional del transporte aéreo, esta situación puede resolverse con facilidad.

Martinez Hnos

c/Los Enanitos 57
Polígono Indus. Las Rozas
Sevilla

Marvin Wholesalers Ltd.
84 Regent Walk
Manchester M60 1QD

2nd March 1999   **Ref : Order no. 426**

Dear Sirs,

As you have undoubtedly heard on the news, the French lorry drivers are shortly to launch an indefinite nationwide strike, thereby preventing all lorries from crossing the country.

We had initially planned on delivering your order no. 426 for 75 tons of tinned plums in 3 lorries, with an ex-works date set at 4th March and ETA Manchester, at your warehouse, on 6th March. The only suitable alternative now is transport by sea on the ferry between Gijon and Plymouth. If we opt for this solution, the goods could reach you by 8th March. The additional cost would be 1M Pesetas.

Given the urgent nature of your order, we have made a booking on the ferry which is due to leave Gijon on 6th March. Your reply to this proposal is required by noon tomorrow to enable us to confirm the booking.

Please rest assured that we are doing everything in our power to minimize the impact this strike will have on delivery of your order.

Yours sincerely,

Pedro Torres
Sales Dept.

In the following instance, a difficulty has arisen which is beyond the control of either seller or buyer. Given the importance and urgency of the order involved, the question of simply cancelling the order does not arise, as it is obviously in the interest of both parties to cooperate in finding a solution. The seller explains the problem, proposes a way out, and urges the buyer to confirm that this solution is acceptable.

USEFUL EXPRESSIONS

☞ If the Transport Workers' strike has not been settled by the end of the month, we shall be compelled to cancel this order.

☞ If you are willing to bear the extra cost of airfreight, this situation can be resolved quite easily.

Steel Accessories Ltd.,

13 Crescent Grove,
London NW3 J24,
United Kingdom

The Straits Oil Co.
P.O. Box 1111,
Manama, Bahrain
Atención: Director de Suministros

6 de Junio de 1998

Muy Sr. nuestro:

Asunto: Su pedido OC021/2100198 - PROGRAMA DE ENTREGAS

Tenemos el agrado de confirmar que su pedido está programado para ser enviado a bordo de:

(1) MS Ocean Star, ETD Liverpool 15-6-98, ETA Bahrain 2-8-98 (artículo 1 - 50 piezas en 3 cajas, 1,50 m. x 2,00 m., 537 kgs).

(2) MS Pioneer, ETD Liverpool 17-7-98, ETA Bahrain 4-9-98 (artículo 2 - 20 piezas en 3 cajas, 2,50 m. x 1,00 m. x 1,00 m., 222 kgs)

Tal y como se acordó, hemos empaquetado cuidadosamente la mercancía en seis cajas de madera a prueba de golpes, que puedan aguantar todo tipo de manipulación. Cada caja está marcada con el nombre de su compañía y el número de pedido. Están numeradas consecutivamente del 001 al 006.

Los documentos de embarque - Conocimiento de Embarque en 3/3 originales + dos copias, Factura Comercial, Certificado de Origen, Lista de Contenidos y Nota de Entrega - están en este momento siendo legalizadas en la Embajada de Bahrain en Londres. Se las enviaremos a su debido tiempo para que las presenten en la Aduana. Les agradeceríamos nos dieran a conocer la llegada de cada envío.

Confiando que estén ustedes satisfechos con estas disposiciones, esperamos seguir con nuestras relaciones comerciales. Atentamente,

John Smith
Director Comercial

La nota de aviso informa al comprador que su pedido ya ha sido enviado o está a punto de ser enviado. En ella se proporciona toda la información referente al envío (cantidad y tipo de mercancías consignadas), a los medios de transporte (nombre de la compañía de transporte, nombre del barco, fecha del embarque, etc.) así como referencias a los documentos de embarque (Conocimiento de Embarque, etc.) y al embalaje. En el ejemplo siguiente, el envío va ser efectuado en dos partes, de acuerdo con los deseos del cliente, debido al espacio limitado de almacenamiento.

Steel Accessories Ltd.,

13 Crescent Grove,
London NW3 J24,
United Kingdom

The Straits Oil Co.
P.O. Box 1111,
Manama, Bahrain
Attn: Supply Manager

6th June 1998

Dear Sir,

Subject : Your order OC021/200198 - Delivery Schedule

We are pleased to confirm that your order is scheduled for delivery on:

(1) MS Ocean Star, ETD Liverpool 15-6-98, ETA Bahrain 2-8-98 (item 1- 50 pcs in 3 crates, 1.50 m. x 2.00 m. x 1.00 m., 537 kgs).

(2) MS Pioneer, ETD Liverpool 17-7-98, ETA Bahrain 4-9-98 (item 2- 20 pcs in 3 crates, 2.50 m. x 1.00 m. x 1.00 m., 222 kgs).

As agreed, we have packed the goods most carefully in six wooden crushproof crates which should stand up to the roughest handling. Each crate is marked with the name of your company and the order number. They are numbered consecutively 001 - 006.

The shipping documents - B/L in 3/3 originals + two copies, commercial invoice, Certificate of Origin, Tally List, and Release Note - are currently being legalized at the Bahraini Embassy in London. We will forward them to you in due course for presentation to the Customs authorities. It will be appreciated if you can advise us of the arrival of each consignment.

We hope you will be satisfied with these arrangements and look forward to doing further business with you.

Yours sincerely,

John Smith
Commercial Manager

The advice note informs the buyer that his order has been dispatched or is about to be dispatched. It gives all relevant information related to the consignment (quantity and type of goods consigned), to the means of transport (name of shipping company, name of ship, date of loading, etc.) and refers to the shipping documents (Bill of Lading, etc.) and to the packing. In the following example, the shipment is to be sent in two batches. This is for the customer's convenience, due to limited stockage space.

PEDALON BIKE CO.

128-138 Eucalyptus Avenue
Melbourne, Australia

Transworld Dealers
Ballard Centre
Stephens Street, Hong Kong

1 de septiembre de 1998

Muy Sres. nuestros:

Su pedido de 10.000 bicicletas todo terreno está en fase de preparación y estará listo para su envío el 17 de septiembre a más tardar.

Entendemos la preocupación que expresa respecto al embalaje, y le podemos asegurar que tomamos todas las debidas precauciones para asegurarnos que las bicicletas lleguen a los clientes de todo el mundo en perfectas condiciones.

Como ustedes nos indican que las bicicletas deben seguir hasta Sri Lanka, India, Pakistán y Nepal, las estamos embalando en contenedores marítimos.

Cada bicicleta está encerrada en un paquete de cartón ondulado, embaladas 20 por 20 y envueltas en plástico. Un contenedor contiene 240 bicicletas; por lo tanto el cargamento completo comprende 42 contenedores que pesan cada uno 8 toneladas. El envío se puede hacer por ferrocarril desde nuestros talleres hasta el puerto de Brisbane. Los costes de los portes desde la fábrica FOB Brisbane son de 180 dólares australianos por contenedor, lo que hace un total de 7.560 dólares por esta consignación, excluyendo el alquiler de los contenedores, que les serán cargados en su cuenta.

Esperando haber satisfecho su demanda, quedamos a la espera de recibir sus instrucciones de entrega.

Atentamente,

Sheila Burton
Directora de Exportación

En el siguiente ejemplo, por razones obvias, el cliente ha puesto énfasis en la importancia de un embalaje adecuado. El fabricante le tranquiliza facilitándole una descripción detallada del empaquetado, así como otros detalles relacionados con el envío.

EXPRESIONES ÚTILES

☞ La mercancía será embalada en cajas especiales con el fin de evitar daños durante el transporte.
☞ Como continuación a su solicitud de información del 16 de agosto respecto al embalaje y al transporte por mar de los pedidos, tenemos el agrado de facilitarle la siguiente información.

PEDALON BIKE CO.

128-138 Eucalyptus Avenue
Melbourne, Australia

**Transworld Dealers
Ballard Centre
Stephens Street, Hong Kong**

1st September 1998

Dear Sirs,

Your order for 10,000 all-terrain cycles is currently being processed and will be ready for dispatch by 17th September at the latest.

We fully understand the concern you express with regard to packing, and can assure you that we take every possible precaution to ensure that our cycles reach our customers all over the world in mint condition.

Since you require the cycles for onward shipment to Sri Lanka, India, Pakistan and Nepal, we are arranging for them to be packed in seaworthy containers.

Each bicycle is enclosed in a corrugated cardboard pack, and 20 are banded together and wrapped in sheet plastic. A container holds 240 cycles; the whole cargo would therefore comprise 42 containers, each weighing 8 tons. Dispatch can be made from our works by rail to be forwarded from Brisbane harbour. The freight charges from works FOB Brisbane are A$180 per container, total A$7,560 for this consignment, excluding container hire, which will be charged to your account.

We hope this answers your questions and look forward to receiving your delivery instructions.

Yours faithfully,

Sheila Burton
Export Sales

In the following example, for obvious reasons, the customer has stressed the importance of adequate packing. The manufacturer reassures him by giving a detailed description of the packing involved, as well as other details related to the shipment.

USEFUL EXPRESSIONS

🖃 The goods shall be packed in special cases so as to avoid damage in transit.
🖃 Further to your enquiry of 16th August concerning packing and transport of overseas orders, we are happy to provide the following information.

Albatross Books Inc.

6 Random Avenue
New York NY 10354 - USA
e-mail extran @ albatross.com

Marshall, Jones & Associates
Insurance Brokers
52-57 Mark Lane
London EC3R 7SS - UK

2 de octubre de 1998   **Ref: SLS/29-INS**

Muy Sres. míos:

Dentro de dos semanas enviaremos un cargamento de 2.850 libros a All Prints Bookshop de Rotterdam, con quienes tenemos un contrato CIF.

Quisiéramos saber si nos podrían asegurar hasta un importe de 12.000 dólares americanos - el valor del envío - entrando la póliza en vigor inmediatamente después de que la mercancía salga de nuestros almacenes.

Por supuesto los libros estarán embalados según las normas habituales y serán enviados en 3 cajas, cada una de ellas con un peso de unos 500 kilos. Se embarcarán en el MV Ocean Star de la línea Red label, el cual tiene sale para Rotterdam del muelle de Nueva York el 15 de octubre de 1998. Allí las mercancías serán recogidas por nuestro consignatario en el Almacén General.

Le agradeceríamos nos remitieran urgentemente un presupuesto del coste del seguro a todo riesgo de este envío, tanto en el almacén como en tránsito.

Les saludamos muy atentamente,

John Renter
Jefe de logística

Antes de proceder al envío de un lote de mercancías, el remitente (el consignador) en el caso de una transacción CIF, por ejemplo, o bien el receptor (el consignatario), deben asegurar el envío ante una compañía de seguros. La siguiente carta es una solicitud de información directa: en ella se dan todos los detalles importantes y se solicita un presupuesto.

EXPRESIONES ÚTILES

☞ Les agradeceríamos nos enviaran presupuesto del coste del seguro a todo riesgo, de almacén a almacén para este envío.
☞ Necesitamos el seguro a partir del 12 de julio.

Albatross Books Inc.

6 Random Avenue
New York NY 10354 - USA
e-mail extran @ albatross.com

Marshall, Jones & Associates
Insurance Brokers
52-57 Mark Lane
London EC3R 7SS - UK

2nd October 1998   Ref : SLS/29-INS

Dear Sirs,

In two weeks, we shall be forwarding a consignment of 2,850 books to All Prints Bookshop of Rotterdam, with whom we have a CIF contract.

We should like to know if you would cover us to the extent of US$12,000, the value of the consignment, the policy to go into effect immediately after the goods leave our possession.

The books will, of course, be packed in accordance with the usual requirements and dispatched in 3 crates, each weighing approximately 500 kg. They will be loaded on board MV Ocean Star of the Red Label Line, which is scheduled to leave New York docks on 15th October 1998 for Rotterdam. There the goods will be collected by our consignee at the United Warehouse.

We would be grateful if you could quote urgently for the insurance against all risks, warehoused and in transit, of this shipment.

Yours faithfully,

John Renter
Head of Logistics

Before a consignment of goods is dispatched, either the sender (the consigner) in the case of a CIF transaction, for example, or the receiver (the consignee) must have the shipment insured by his insurance company. The following letter is a straightforward enquiry : it gives all relevant details and requests a quotation.

USEFUL EXPRESSIONS

☞ Can you please quote us a rate for the insurance against all risks, warehouse to warehouse, of this shipment.

☞ The insurance is needed as from 12th July.

All Prints Bookshop

P. O. Box 760
3000 DK Rotterdam
The Netherlands

Albatross Books Inc.
6 Random Avenue
New York NY 10354, USA
Atención: John Render
Jefe de Logística

1 de diciembre de 1998   **URGENTE**
                                    Entregar en mano

Estimado Sr. Renter:

Asunto: Cargamento dañado - MV Ocean Star, 30/11/98 - P.O. APB/431

Lamentamos informarle que a la llegada de su pedido al puerto en el día de ayer, la compañía consignataria descubrió que 1 de las 3 cajas de las que se compone el envío no había sido sujeta convenientemente para el viaje. Durante una travesía con mar gruesa, la caja en cuestión sufrió una abolladura, lo que a su vez permitió que el agua del mar penetrara en su interior causando daños irreparables en los libros que contenía.

Lo notificamos inmediatamente a la compañía de navegación, y los daños fueron confirmados oficialmente por el agente de Lloyd's. Adjuntamos su informe.

Como la póliza del seguro es a cuenta suya, tengan la amabilidad de tomar contacto urgente con la compañía de seguros con el fin de reclamar las pérdidas. Del mismo modo, le estaríamos muy agradecidos si pudieran reemplazar los libros de la caja número 2 y enviarlos por vía aérea lo antes posible, pues los necesitamos para la campaña navideña.

Aprovecho la ocasión para saludarles muy atentamente,

Steven Whitbread
Director General

Adj.: Informe del agente de Lloyd's

Durante el transporte de las mercancías suelen producirse accidentes, errores o retrasos. Si las mercancías han sido dañadas o perdidas, el remitente y/o el transportista deben ser informados inmediatamente. El tono de la carta debe ser preciso, objetivo y comedido, insistiendo en la descripción de los hechos en la medida en que sean conocidos) y en la extensión de los daños. El informante debe concluir preguntando al destinatario de la carta la acción que desea emprender, como en el ejemplo que damos a continuación.

All Prints Bookshop

P. O. Box 760
3000 DK Rotterdam
The Netherlands

Albatross Books Inc.
6 Random Avenue
New York NY 10354, USA
Attn: John Renter
Head of Logistics

1st December 1998

URGENT
Please hand carry to desk

Dear Mr. Renter,

Subj : Damaged Cargo — MV Ocean Star, 30/11/98 — P.O. APB/431

We regret to inform you that on the arrival of our order in port yesterday, the ship's agent discovered that 1 of the 3 crates containing the consignment had not been safely secured for the journey. During a patch of rough crossing, the crate in question was severely dented. This in turn allowed seawater to seep into it, causing irretrievable damage to the books it contained.

We immediately notified the carrier and the damage was formally confirmed by a Lloyd's agent. His report is attached.

Given that the insurance policy is in your care, would you please urgently contact the underwriters to make a claim for the loss involved. Also, we should be grateful if you could arrange for replacement copies of the books of crate # 2 to be airfreighted to us as soon as possible, as we require them for the Christmas trade.

Yours sincerely,

Steven Whitbread
General Manager

enc: report of Lloyd's agent

Accidents, errors and delays frequently occur during the transport of merchandise. If goods have been damaged or lost, the sender and/or the transporter must be informed immediately. The tone of such a letter should be precise, objective and restrained, with the emphasis placed on describing the facts (insofar as these are known) and the extent of the damage. The writer should conclude, as in the example provided here, by telling his reader exactly what action he wishes him to take.

PARAMOUNT IMPORTERS

83 Appian Way
Bath BA2 7AY
Tel : 01225.826.934
Fax : 01225.826.935

**O. & R. Brokers
16 Regency Docks
Southampton SO3 9RT**

9 de junio de 1998

Muy Sres. nuestros:

Agradecemos su carta del 26 de abril en la que nos dan detalles de las disposiciones de embarque de 20 cartones (500 por cartón) de camisas Neckline. Tal y como lo solicitaron, incluimos un Conocimiento de Embarque endosado y sin objeciones. Asimismo hemos notificado a la Aduana que Vds. están autorizados a actuar como agentes nuestros en este caso.

En cuanto al envío, nos permitimos recordarle que mencionábamos en la carta anterior nuestra intención de mantener el envío en un depósito aduanero hasta el momento en que encontremos una salida apropiada de ventas al detalle. Ya hemos encontrado una de estas salidas y por tanto les agradeceríamos hicieran un envío de 3 cartones, a portes debidos, a los Sres. Smithson & Sykes, 28-30 High Street, Bradford, West Yorkshire BD7 13P. Necesitan urgentemente este envío; les rogamos pues que lo remitan en el primer tren de pasajeros disponible.

Sírvanse guardar en depósito el resto del envío para nosotros hasta que les avisemos.

Reciban nuestros atentos saludos,

Eric Martin
Subdirector

En el siguiente ejemplo, los consignatarios han informado previamente al importador de la llegada de su envío; también han solicitado un Conocimiento de Embarque debidamente endosado, y una carta dirigida a la Aduana, autorizándoles para actuar en nombre del importador; finalmente, han preguntado dónde deben enviar la mercancía una vez que pase la aduana.

EXPRESIONES ÚTILES

☞ Hemos dado instrucciones a nuestro agente de Nueva York para que deposite la mercancía en un depósito de aduanas.
☞ Para facilitar el envío, necesitamos que cumplimenten los impresos adjuntos.
☞ Las dificultades para conseguir el despacho aduanero pueden originar retrasos.

PARAMOUNT IMPORTERS

83 Appian Way
Bath BA2 7AY
Phone : 01225.826-934
Fax : 01225-826.935

O. & R. Brokers
16 Regency Docks
Southampton SO3 9RT

9th June 1998

Dear Sirs,

Thank you for your letter of 26th April giving details of the shipping arrangements concerning 20 cartons (500 per carton) of Neckline shirts. As requested, we enclose an endorsed, clean Bill of Lading. We have also notified H.M. Customs & Excise of your competence to act as our agents in this matter.

As to despatch, you may recall from our earlier correspondence our intention of holding the consignment in a bonded warehouse until such time as we found suitable retail outlets. One such outlet has been found and we should be grateful if you would forward a consignment of three cartons, carriage forward, to Messrs. Smithson & Sykes, 28-30 High Street, Bradford, West Yorkshire BD7 1DP. They require this consignment urgently, so please send it by the first available passenger train.

Please retain the remainder of the shipment in bond for us, until further notice.

Yours faithfully,

Eric Martin
Assistant Manager

In the following example, the brokers for the shipping company have previously advised the importer of the arrival of his shipment; they have also requested a B/L, duly endorsed, and a letter addressed to H.M. Customs & Excise, authorising them to act on the importer's behalf; finally, they have asked where they should forward the goods, once cleared through customs.

USEFUL EXPRESSIONS

☞ We have instructed our agent in New York to deposit the goods in a bonded warehouse.
☞ To facilitate despatch, we require completion of the enclosed shipping forms.
☞ Difficulties in obtaining customs clearance may well cause delays.

Robert Stevens & Sons

22-26 The Arcade,
London SE6 Z42

**Mr P. Robertson, Director General
The Star Hotel,
7 Cherriford Avenue,
London SW4 KA7J**

14 de agosto de 1998   **Ref: Accs/12398/fd**

Estimado Sr. Robinson:

Su LPOs 437 y 439 con fecha 6-6-1998

Adjunto encontrarán nuestras facturas:

- Accs/47598 por importe de .... £12.083,56 (LPO 437)
- Accs/47698 por importe de .... £5.424,31 (LPO 439)
  - cuyo importe total es de .... £17.507,87.

Como mencioné en nuestra conversación telefónica del 7 de agosto de 1998, ambas facturas incluyen cargos adicionales por embalaje especial en contenedores de madera. Cada factura incluye un 10% de descuento comercial concedido por pedidos anticipados.

Les rogamos efectúen una transferencia bancaria a nuestra cuenta de Barclays Bank nº 3472849-89, a 30 días fecha de factura.

Le agradecemos su atención y esperamos volver servirles en breve.

Atentamente,

Robert G. Stevens
Director General

Adjunto: facturas Accs/47598 y Accs/47698

La factura se suele presentar en un impreso con membrete, acompañado de una carta de cobertura del tipo que se muestra a continuación. Este tipo de cartas son cortas, con un par de frases breves y puntuales. Deben indicar únicamente su propósito (que acompañan la factura), añadiendo cualquier comentario referente a la factura, y concluir con una nota cortés y positiva.

Robert Stevens & Sons

22-26 The Arcade,
London SE6 Z42

Mr P. Robertson, General
Manager,
The Star Hotel,
7 Cherriford Avenue,
London SW4 KA7J

14ᵗʰ August 1998   REF: Accs/12398/fd

Dear Mr Robertson:

Your LPOs 437 and 439 both dated 6-6-1998

Please find enclosed our invoices:

- Accs/47598 for . . . . £12,083.56 (LPO 437)
- Accs/47698 for . . . . £5,424.31 (LPO 439)
- for a total amount of . . . . £17,507.87.

As mentioned in our telephone conversation of 7ᵗʰ August 98, both invoices include extra charges for special packing in wooden containers. Each invoice also shows the 10% trade discount granted for early orders.

Please remit payment by bank transfer to our account with Barclays Bank, A/C No. 3472849-89, within 30 days of the date of issue of the invoices.

We thank you for your prompt attention and look forward to being of service again.

Yours truly,

Robert G. Stevens
General Manager

encs: invoices Accs/47598 and Accs/47698.

The invoice is usually presented on a pre-printed form, accompanied by a "covering" letter of the type shown below. Such letters are short, usually no more than a couple of brief sentences, and to the point. They need only state their purpose (that they accompany the invoice), add any necessary comments regarding the invoice, and conclude on a courteous and positive note.

Cartwright Recruitment Agency

Commonwealth Tower 234,
The Docks
London SE4 XY3

**Ford Construction Co.
5 Stokeston Road,
London NE5 ZB7**
Atención: Jefe contable

10 de febrero de 1998

Muy Sr. mío:

Estado de cuentas - Notificación nº1

Adjunto encontrará un estado de cuentas en el que aparece un saldo deudor de £2.524,33 al 30-01-98. Asimismo le rogamos tome nota de que nuestra factura ref. CRA/JO21/011Accs está pendiente de pago desde hace treinta días.

Le agradeceríamos procediera a liquidar su cuenta lo antes posible. Si ha dado ya instrucciones a su banco de proceder al pago, no tenga en cuenta esta carta.

Sin otro particular le saluda atentamente,

Pamela Cartwright
Directora General

Si después de algún tiempo un cliente no ha satisfecho una factura, se envía un estado de cuentas, junto con una copia de la factura pendiente y una nota breve (P. ej. «Sírvanse remitirnos a vuelta de correo»). Otra solución es enviar el estado de cuentas con una breve carta de cobertura, como en el ejemplo siguiente. El tono debe ser cortés pero directo, dependiendo del cliente y de sus relaciones con la empresa. La carta no debe mostrar enojo ni duda acerca de la intención del cliente de pagar.

EXPRESIONES ÚTILES

✉ Lamentamos informarle de que aún no hemos recibido ningún aviso de abono de nuestro banco por el envío que les fue efectuado el 17 de noviembre 1998 (nuestra factura nº 846211).

✉ Como siempre hemos recibido puntualmente sus pagos, nos extraña no haber tenido noticias suyas acerca de nuestro estado de cuentas del 1 de marzo.

Cartwright Recruitment Agency

Commonwealth Tower 234,
The Docks
London SE4 XY3

Ford Construction Co.
5 Stokeston Road,
London NE5 ZB7
Attn: Chief Accountant

10th February 1998

Dear Sir,

Statement of Account - Reminder No. 1

Please find attached a statement of account showing a debit balance of £2,524.33 at 30-01-98. Also, please note that our invoice ref. CRA/JO21/011/Accs is 30 days overdue.

We would appreciate it if you would settle your account as soon as possible. If you have already instructed your bank to proceed with payment, kindly disregard this reminder.

Yours faithfully,

Pamela Cartwright
General Manager

If, after a given time, a customer has not settled an invoice, a statement is sent out, along with a copy of the unpaid invoice and a short note ("Please remit by return", e.g.). Alternatively, the statement may be sent with a brief covering letter, as in the following example. The tone should be polite but direct, the degree of directness varying according to the customer and his relations with the firm. The letter should show neither annoyance nor any hint of doubt about the customer's intention to pay.

USEFUL EXPRESSIONS

▣ We are sorry to have to inform you that we have not yet received a credit advice from our bank in connection with the consignment which was sent to you on 17th November 1998 (our invoice no. 846211).
▣ As we have always received your payments punctually, we are puzzled not to have heard from you in connection with our current statement of 1st March.

Cartwright Recruitment Agency

Commonwealth Tower 234,
The Docks
London SE4 XY3

**Ford Construction Co.
5 Stokeston Road,
London NE5 ZB7**
Atención: Director General

11 de abril de 1998   **Ref: CRA/Jo21/2598/Accs**

Muy Sr. mío:

Estado de Cuentas - Notificación nº 2

Adjunto encontrará su estado de cuentas que muestra un balance deudor de £6.213,48 al 31/3/98. Más aún, la cantidad de £3.843,76 que figura en este balance venció hace más de tres meses.

Me permito recordarles que están ustedes obligados a pagar sus facturas a los 45 días fecha de factura, y que su balance deudor máximo autorizado es de 3.000 libras.

En vista de nuestras largas relaciones comerciales, nos resistimos a tomar medidas drásticas para recuperar nuestro dinero. Preferiríamos negociar un calendario de liquidación de la cantidad pendiente.

Por lo tanto, les rogamos que se pongan al día en los pagos o bien que tomen contacto con nosotros en el curso de los siete próximos días para que podamos resolver este problema.

Atentamente,

Pamela Cartwright
Directora General

Si la primera notificación no encuentra respuesta, la segunda servirá para requerir el pago en términos más fuertes. Puede expresar sorpresa, o como pretexto, preguntarse si el cliente ha encontrado algún defecto en las mercancías o en la factura. O bien, como en el siguiente ejemplo, puede contener la amenaza velada de una acción más enérgica. En cualquiera de estos casos, el tono debe permanecer tranquilo y cortés, enfocando la situación como un problema a resolver.

Cartwright Recruitment Agency

Commonwealth Tower 234,
The Docks
London SE4 XY3

Ford Construction Co.
5 Stokeston Road,
London NE5 ZB7
Attn: General Manager

11ᵗʰ April 1998   **Ref: CRA/Jo21/2598/Accs**

Dear Sir,

Statement of Account - Reminder No. 2

Attached you will find a statement of your account, which shows a debit balance of £6,213.48 at 31/3/98. It further appears from this statement that an amount of £3,843.76 is now more than three months overdue.

May we remind you that you are contractually obliged to settle your invoices within 45 days of their date of issue; and that your maximum authorized debit balance at any given time is £3,000.

In view of our long-standing business relationship, we are reluctant to take drastic steps to recover our monies. We would much rather negotiate a scheduled payment of your debt.

Accordingly, we invite you either to settle your account or to contact us within the next seven days so that we may resolve this problem.

Yours faithfully,

Pamela Cartwright
General Manager

If the first reminder elicits no reply, a second will ask for payment in stronger terms. It may express surprise or, as a pretext, speculate whether the customer has found anything wrong with the goods or the invoice. Or, as in the following example, it may contain the veiled threat of more forceful action. Whatever the case, the tone should remain calm and polite, approaching the situation as, above all, a problem to be solved.

Ford Construction Co.

5 Stokeston Road,
London NE5 ZB7

Marston cement works
Units 120-130
Montfort Industrial Zone
Leicester LE1 9BH

1 de abril de 1999

Muy Sres. nuestros:

Su estado de cuentas trimestral llegó ayer y lo encontramos correcto. Sin embargo, debemos informarle que no nos es aún posible cumplir con nuestros compromisos y liquidar la suma pendiente de 5.499 libras adeudada desde el 31 de marzo de 1998.

Como ya lo saben, siempre hemos satisfecho nuestros pagos con prontitud y por lo tanto lamentamos mucho encontrarnos en la necesidad de pedirles una ampliación del crédito de tres meses con el fin de liquidar la deuda pendiente.

Nuestras dificultades son temporales y han sido motivadas por un incendio en nuestros almacenes centrales ocurrido el 13 de marzo. El fuego causó grandes pérdidas, por las que todavía no nos han compensado totalmente. Sin embargo, esperamos poder efectuar el pago de la cantidad que les debemos dentro de seis a ocho semanas.

Debemos señalar que estas circunstancias son excepcionales, y esperamos que comprendan nuestra situación actual. Agradeceríamos nos hicieran esta concesión como gesto de buena voluntad.

Les rogamos acepten nuestras excusas por este retraso.

Sinceramente,

George Thomas
Director General

Cualquier comprador, por razones fuera de su control, puede sufrir una disminución de sus ventas y encontrarse temporalmente mal de tesorería, viéndose incapaz de hacer frente a sus compromisos. En tal situación, lo mejor es ponerse en contacto con el proveedor antes de que su cuenta haya vencido y tratar de conseguir alguna concesión. Una carta en la que se solicita una ampliación del crédito debe: (1) tratar de calmar el posible enfado del proveedor mostrando sinceridad y preocupación; (2) recordar la rápida liquidación de cuentas pasadas; (3) explicar el problema; (4) dar confianza al proveedor sugiriéndole una fecha, aunque sea aleatoria, para el pago; (5) excusarse.

Ford Construction Co.

5 Stokeston Road,
London NE5 ZB7

marston cement works
Units 120-130
Montfort Industrial Zone
Leicester LE1 9BH

1st April 1999

Dear Sirs,

Your quarterly statement reached us yesterday and has been found correct. We have to inform you, however, that it is not yet possible for us to meet our obligations and to pay you the outstanding sum of £5,499 which was due on 31st March 1998.

As you know, we have always settled our accounts promptly and therefore greatly regret that we now find it necessary to ask you for three months' extension of credit in which to clear the current liability.

Our difficulties are temporary and have been created by a fire at our central warehouse on 13th March. The fire caused extensive losses, for which we have not yet been compensated in full. However, we hope to be able to make payment of the full sum we owe you within 6 to 8 weeks.

We need hardly point out that these circumstances are exceptional, and trust you will understand our present situation. We would appreciate it as a helpful gesture if you could grant us this concession.

Please accept our renewed apologies for this delay.

Yours sincerely,

George Thomas
General Manager

Any buyer, for reasons totally beyond his control, may run into a period of bad trade and find himself temporarily short of money and unable to meet his commitments. In such a situation, the best course is to contact the supplier before his account becomes overdue, and try to get some concession from him. A letter requesting an extension of credit should: (1) try to soothe the supplier's probable annoyance by a show of sincerity and concern; (2) refer to prompt settlement of past accounts; (3) explain the problem; (4) reassure the supplier by giving a date, however tentatively, for settlement; (5) apologise.

British Valves Ltd.

34 Clarence Lane
Bristol BR8 3JP
United Kingdom

PETROGAS
Wisma Stephens Tower
5213 Kuala Lumpur, Malaysia
Atención: Director Comercial

4 de noviembre de 1998

Muy Sr. mío:

Asunto: *Su Pedido PG/PRD583/97 - Entrega del 1er lote*
         Nuestra factura Accs/758.1/98 por 20.637 dólares

Le agradecemos el pago de 17.425 dólares efectuado el 3 de noviembre de 1998. Sin embargo no llegamos a comprender por qué no han liquidado ustedes la factura en su totalidad. Parece ser que la diferencia (3.212 dólares) ha sido deducida erróneamente por penalizaciones de 4 semanas y 2 días.

Quisiéramos recordarle respetuosamente que aunque nuestros precios fueron oferta sobre la base C&F Singapur, la entrega aparece en su Orden de Compra como «ex-fábrica semana 27» (es decir la semana que finaliza el 5 de julio del 98). La Nota de Entrega se firmó el 3 de julio de 1998, por lo que hemos cumplido con nuestro compromiso contractual.

Por lo tanto, les rogamos se sirvan abonar en nuestra cuenta la diferencia de 3.212 dólares.

Agradecemos su cooperación en este asunto.

Sin otro particular le saluda atentamente,

Allan Thwaite
Director General

Los desacuerdos sobre facturas son frecuentes. En el siguiente caso, un proveedor ha cobrado parcialmente una factura. Como suministró las mercancías al amparo de un contrato con una cláusula de penalización por entrega tardía, sugiere que su cliente ha realizado deducciones sin justificación alguna. Su carta tiene dos objetivos: (1) señalar el error con todos los detalles necesarios, y (2) reclamar con mucho tacto la suma deducida.

British Valves Ltd.

34 Clarence Lane
Bristol BR8 3JP
United Kingdom

PETROGAS
Wisma Stephens Tower
5213 Kuala Lumpur, Malaysia
Attn: Commercial Manager

4th November 1998

Dear Sir,

Subj: Your P.O. PG/PRD583/97 - Delivery of the 1st batch
Our invoice Accs/758.1/98 for US$20,637

Thank you for your payment of US$17,425 made on 3rd November 1998. We fail to understand, however, why you did not pay this invoice in full. It would seem that the difference (US$3,212) has been mistakenly deducted as late penalties of 4 weeks and 2 days.

May we respectfully remind you that while our prices were quoted on the basis of C&F Singapore, the delivery itself appears on the P.O. as "ex-mill week 27" (i.e. week ending 5th July 98). The Release Note having been signed on 3rd July 98, we have clearly met our contractual commitment.

We would therefore appreciate it if you would pay the discrepant US$3,212 into our account as soon as possible.

We thank you for your cooperation in this matter.

Yours faithfully,

Allan Thwaite
General Manager

Disagreements over invoices are frequent. In the following case, a supplier has received only partial settlement of an invoice. Since he supplied goods under a contract with a penalty clause for late delivery, he suggests that his customer has made unjustifiable deductions. His letter has two objectives : (1) to point out the error with all necessary detail, and (2) to tactfully reclaim the sum deducted.

World of Comfort Ltd

56-60 Church St, Ballymore,
Co. Antrim, N. Ireland
Tel: 6166869 - Fax: 6167264

**Messrs Bell & Wrightly Ltd,
132 Pound Street,
Larne BT40 1SQ**

23 de octubre de 1998

Muy Sres. míos:

Mercancías deterioradas: Pedido Nº 3479 XZ21198

Hago referencia al envío de armarios de cocina que ustedes nos entregaron en nuestros almacenes el 13 de este mes, como convenido.

Al desembalar estos artículos esta mañana para exponerlos en nuestras salas de exposición, nos hemos encontrado con que los interiores de los paneles de las puertas de cada unidad estaban marcados por grandes manchas de color púrpura de aproximadamente 10-25 cms. de diámetro. Estas manchas parecen ser debidas a un colorido defectuoso o bien a un recalentamiento cuando la chapa sintética fue pegada al panel.

Cualquiera que sea la causa, e incluso aunque el defecto no es visible desde el exterior, estos artículos son evidentemente invendibles.

Si desean venir a inspeccionar las unidades ustedes mismos, estamos a su entera disposición. Sin embargo, esperamos que se hagan Vds. cargo de estas unidades y las sustituyan lo antes posible.

Sin otro particular, les saluda atentamente,

A. McFetridge
Director General

Se producen errores y las quejas siguen. Sea por un error en la mercancía, por una calidad deficiente o por un retraso en la entrega, la carta de queja debe ir siempre respaldada por hechos concretos. El tono debe ser sosegado y razonable. La persona que escribe debe indicar lo que está mal, señalar los inconvenientes causados y concluir recomendando al destinatario las acciones a emprender.

EXPRESIONES ÚTILES

☞ Resulta evidente que ha habido una equivocación y que las mercancías fueron entregadas erróneamente.

☞ El acabado no es bueno y el esmalte está agrietado en varios lugares.

☞ El diseño es desigual y el color varía.

☞ No podemos suministrar a nuestros clientes productos en estas condiciones.

World of Comfort Ltd

56-60 Church St, Ballymore,
Co. Antrim, N. Ireland
Phone : 6166869 - Fax: 6167264

Messrs Bell & Wrightly Ltd,
132 Pound Street,
Larne BT40 1SQ

23rd Oct. 1998

Dear Sirs,

Damaged Goods : Order No. 3479 XZ21198

I refer to the consignment of kitchen wall units which you delivered
to our warehouse, as arranged, on the 13th of this month.

On unpacking these articles this morning to put them on display in
our showrooms, we found the insides of the door panels of each unit
to be marked by large purple stains of approximately 10-25 cm in
diameter. These stains appear to be due either to faulty colour-
ing or to overheating when the synthetic veneer was glued to the
panel.

Whatever the cause, and even though the defect is not visible from
the outside, these articles are clearly unsaleable.

Should you wish to come and inspect the units for yourself, we
are at your disposal. Obviously, however, we expect you to reclaim and to replace these damaged items as soon as possible.

Yours faithfully,

A. McFetridge
Managing Director

Errors occur and com-
plaints ensue.
Whether it is a mat-
ter of wrong goods,
poor quality or delay
in delivery, the letter
of complaint should
always be supported
by precise facts. The
tone should be calm
and reasonable. The
writer should state
what is wrong, point
out the inconvenience
caused, and conclude
by telling the reader
what action to take.

USEFUL
EXPRESSIONS

☞ Evidently some
mistake has been
made and the goods
have been wrongly
delivered.
☞ The finish is not
good and the enamel
has cracked in some
places.
☞ The pattern is un-
even and the colour-
ing varies.
☞ We cannot possibly
supply our customers
with goods in this
condition.

Bell Home Fittings

146-148 Greenway Street
Falmer, Brighton BN1 9RH
Tel : (01273) 678444
e-mail :maindesk@bellhome.co.uk

**The Manager
Norton Heating Co.
Chichester Park
Glasgow G12 8QQ**

11 de septiembre de 1998

Muy Sr. mío:

Acabamos de recibir los 24 calentadores Radiant que les pedimos el 2 de septiembre, junto con su factura por importe de 4.080 libras.

Sin embargo, antes de enviarles un cheque por esta cantidad, nos sentimos obligados a quejarnos enérgicamente sobre la forma descuidada en la que fueron embaladas estas mercancías. Se utilizó un simple cartón fino para proteger los calentadores de los malos tratos que inevitablemente se producen cuando se envían paquetes por ferrocarril.

Como consecuencia, dos de los calentadores fueron golpeados y un tercero tiene un arañazo.

Pensamos que estarán ustedes de acuerdo en que no es justo que paguemos el precio íntegro de unas mercancías dañadas como resultado de un embalaje inadecuado. Como compensación, sugerimos una reducción sobre la cantidad de su factura. Otra solución sería devolver las piezas dañadas, en cuyo caso esperamos obviamente que los costes del envío sean deducidos de su factura.

Esperamos que esta desagradable situación no se repita y que nuestros pedidos reciban en el futuro la misma atención que les han prestado ustedes en el pasado.

Aprovecho la ocasión para saludarles muy atentamente,

Archibald Carson
Director

El tono de la siguiente queja es mucho más fuerte que el de la 12.1. A pesar de todo, después de que el remitente haya expresado su descontento, sugiere soluciones objetivas al problema planteado, y, en la última frase, aporta una nota positiva refiriéndose a futuros pedidos y a la perspectiva de unas gratas relaciones.

Bell Home Fittings

146-148 Greenway Street
Falmer, Brighton BN1 9RH
Phone : (01273) 678444
e-mail : maindesk@bellhome.co.uk

The Manager
Norton Heating Co.
Chichester Park
Glasgow G12 8QQ

11ᵗʰ September 1998

Dear Sir,

We have just received the consignment of 24 Radiant heaters which we ordered from you on 2nd September, together with your invoice for £4,080.

Before sending you a cheque for this amount, however, we feel obliged to complain in the strongest terms about the careless way in which these goods were packed. Only thin cardboard packing was provided to protect the heaters from the rough handling which is bound to occur when parcels are sent by rail.

As a consequence, two of the heaters were badly dented and a third was seriously scratched.

We think you will agree that it is unfair to be expected to pay the full price for goods marred as a result of inadequate packing on your part. We suggest a reduction in the amount charged on your invoice by way of compensation. Alternatively, we could return the three damaged items, in which case we naturally expect the return postage costs to be deducted from your invoice.

We hope that this unfortunate situation will not be repeated and that our future orders will receive the same careful attention you have given them in the past.

Yours faithfully,

Archibald Carson
Manager

The tone of the following complaint is much stronger than that of 12.1. Even so, once the author has expressed his discontent, he suggests objective solutions to the problem which has arisen and, in his concluding sentence, strikes a positive note by referring to future orders and a renewal of harmonious relations.

FINE LEATHERWARE LTD

18 Eppingworth Lane
Edgbaston, Birmingham B15 2TT
Tel : 0121-414-7088

Hyde Tanneries
Masterton Road
Alton, GU34 1LG

7 de marzo de 1999

Muy Sres. nuestros:

Nuestros pedidos núm. 8214, 8247, 8301 y 8322

Como ya les hemos señalado repetidamente, es absolutamente esencial que efectúen ustedes unas entregas rápidas si queremos mantener unas existencias satisfactorias y cumplir con nuestro programa de fabricación.

Cada uno de los cuatro pedidos mencionados llegaron posteriormente a la fecha estipulada, y el pedido nº8322 llegó con casi un mes de retraso, con el resultado de que tuvimos que reducir de un 5% nuestra producción.

No podemos permitir que esta situación continúe, y lamentamos tener que comunicarles que a no ser que puedan garantizar la entrega de los suministros para las fechas especificadas en los futuros pedidos, nos veremos obligados a buscar otros proveedores.

A la espera de sus noticias, les saludamos atentamente,

A. Marks

Puede suceder que una serie de cartas de queja, sosegadas y objetivas al principio, pero subiendo poco a poco de tono, no consigan obtener una respuesta adecuada. En este caso, el único recurso que queda es dar un aviso inequívoco de que, a no ser que se produzca una mejora substancial, las relaciones comerciales cesarán.

EXPRESIONES ÚTILES

☞ Si este pedido no se despacha antes de fin de mes, nos veremos obligados a cancelarlo.
☞ Debemos informarles que ésta es la segunda vez que se produce un retraso semejante y que estamos muy decepcionados con su servicio.
☞ Si este error se vuelve a producir, nos veremos obligados a buscar nuevos proveedores.
☞ Como no han podido ustedes cumplir con las fechas de entrega, hemos perdido algunos de nuestros clientes habituales.
☞ Estamos seguros de que harán ustedes todo lo posible para liquidar amistosamente esta reclamación.

FINE LEATHERWARE LTD

18 Eppingworth Lane
Edgbaston, Birmingham BI5 2TT
Phone : 0121-414-7088

**Hyde Tanneries
Masterton Road
Alton, GU34 1LG**

7th **March 1999**

Dear Sirs,

Our Orders Nos. 8214, 8247, 8301 & 8322

As we have repeatedly pointed out to you, prompt delivery on your part is essential if we are to maintain satisfactory stock levels and fulfil our production schedules.

Each of the four orders listed above has arrived later than the date stipulated, and order no. 8322 was delayed by almost a month, with the result that we have had to reduce production by some 5%.

We cannot possibly allow this situation to continue, and are sorry to have to tell you that unless you can guarantee to deliver supplies by the dates specified in future orders, we will be forced to look for another supplier.

We hope to hear from you very soon.

Yours faithfully,

A. Marks

It may happen that a series of letters of complaint, calm and objective at first, but growing steadily sharper in tone, fails to provoke any adequate response whatever. In that case, one's only recourse is to give fair warning that, unless a marked improvement occurs, business relations will cease.

USEFUL EXPRESSIONS

☞ If this order is not dealt with before the end of the month, we shall be forced to cancel it.

☞ We must inform you that this is the second time that such a delay has occurred and that we are very disappointed in your service.

☞ If such an error occurs again, we shall be bound to look for other suppliers.

☞ As you have not been able to meet your delivery dates, we have lost some of our most regular customers.

☞ We are sure you will do your best to settle this claim amicably.

Norton Heating Co.

Chichester Park
Glasgow G12 8QQ
Tel : 842391 - Fax : 842 397

**Bell Home Fittings
146 Greenway Street
Falmer, Brighton BN1 9RH**

15 de septiembre de 1998

Estimado Sr. Carson:

Agradecemos su carta del 11 de septiembre en la que acusa recibo de 24 calentadores Radiant.

Sentimos mucho el trastorno causado por este pedido y aceptamos el hecho de que fue ocasionado por un embalaje inadecuado. En realidad, hemos cambiado hace poco el tipo de embalaje que usábamos anteriormente, ya que nos parece que los nuevos cartones son más ligeros y más fáciles de manejar. Es verdad que los nuevos cartones no son muy resistentes, pero es la primera vez que hemos tenido problemas al respecto. Sin embargo, en vista de lo sucedido, volveremos a estudiar nuestros métodos de embalaje.

Como asumimos nuestra total responsabilidad por los daños ocasionados, le enviamos por paquetería urgente 3 nuevos calentadores Radiant para reemplazar los que se dañaron. Deberían llegar a su almacén dentro de 48 horas. En cuanto a los artículos dañados, pueden disponer de ellos como crean conveniente.

Lamentamos sinceramente los problemas que le hemos ocasionado. Haremos todo lo posible para asegurarnos de que esta situación no vuelve a producirse.

Aprovecho la ocasión para saludarle atentamente,

Jack Edmonson
Director

A la hora de responder a una queja, el objetivo principal debe ser: (1) calmar al cliente; (2) explicar breve y objetivamente lo ocurrido; (3) proponer una solución, generalmente beneficiando al cliente; (4) terminar la carta positivamente reiterando las excusas y asegurando hacer todo lo posible para evitar que vuelva a darse la situación que dio origen a la queja. La carta que viene a continuación es una respuesta a la queja 12.2.

EXPRESIONES ÚTILES

☞ Nuestro representante le visitará para entregarle los artículos de recambio.
☞ Esperamos que este error no empañe las buenas relaciones entre nuestras dos empresas.

Norton Heating Co.

Chichester Park
Glasgow G12 8QQ
Phone=! : 842391 - Fax : 842 397

Bell Home Fittings
146 Greenway Street
Falmer, Brighton BN1 9RH

15th September 1998

Dear Mr. Carson,

Thank you for your letter of 11th September acknowledging receipt of 24 Radiant heaters.

We were extremely sorry to learn about the mishap concerning this order and fully accept that this was caused by inadequate packing on our part. In fact, we have only recently changed the type of packing we use, finding the new cartons lighter and easier to handle. It is true that the new cartons are not shock-resistant but this is the first time we have had any trouble with them. In view of this misadventure, however, we shall certainly be reconsidering our packing methods.

As we assume entire responsibility for the damage incurred, we are sending you by express freight 3 new Radiant heaters to replace those which were damaged. They should arrive at your premises within 48 hours. As for the damaged items, please dispose of them as you see fit.

Please accept our sincere apologies for the trouble caused to you. We will take all possible steps to ensure that such a situation does not arise again.

Yours sincerely,

Jack Edmonson
Manager

When replying to a complaint, your principal aims should be (1) to defuse the customer's annoyance or anger ; (2) to explain briefly and objectively what happened ; (3) to propose a solution, usually to the customer's advantage; (4) to conclude positively with reiterated apologies and an assurance that everything possible will be done to prevent a re-occurrence of the situation which gave rise to the complaint. The following letter is in reply to the complaint in 12.2.

USEFUL
EXPRESSIONS

☞ Our representative will call on you to bring you replacement goods.
☞ We trust that this error will in no way impair the good relations between our two companies.

Hyde Tanneries

Masterton Road
Alton, GU34 1LG
Tel : (0282) 647 921

FINE LEATHERWARE TLD
18 Eppingworth Lane
Edgbaston, Birmingham BI5 2TT

10 de marzo de 1999

Estimado Sr. Marks:

Agradezco su carta del 7 de marzo en relación con sus pedidos núm. 8214, 8297 y 8322.

Lamentamos mucho los retrasos en los envíos de esos pedidos. Desgraciadamente, una huelga de los trabajadores de nuestras oficinas originó la suspensión casi total de nuestras actividades durante prácticamente nueve semanas. En este momento estamos empezando a progresar para ponernos al día en nuestro programa de fabricación.

Debo excusarme personalmente por no haberles dado a conocer estos inevitables retrasos. Sin embargo, estoy seguro de que se harán cargo de que la situación en nuestra empresa ha sido bastante caótica como consecuencia de esta acción.

Lamentamos mucho los trastornos que han tenido que soportar a causa de nuestros problemas, pero podemos asegurarles que nuestra producción está de nuevo al día y que pueden contar con una entrega puntual para los futuros pedidos.

Atentamente,

Samuel Glover
Director General

Muchas veces resulta necesario explicar brevemente cómo ha surgido el problema, pero no hace falta una relación detallada, paso por paso. El cliente no está interesado en estas cuestiones, sino en enderezar la situación. En ningún caso el vendedor debe echar la culpa a su personal. Su único propósito, como en la siguiente carta, es rectificar la situación y restaurar las buenas relaciones con su cliente.

EXPRESIONES ÚTILES

▣ Debido a circunstancias extraordinarias, no hemos podido cumplir con nuestros compromisos, pero podemos asegurarle que la próxima vez haremos todo lo que esté en nuestras manos para satisfacerles.
▣ Esperamos nos perdonen por el trastorno que les hemos ocasionado.

Hyde Tanneries

Masterton Road
Alton, GU34 1LG
Phone : (0282) 647 921

FINE LEATHERWARE TLD
18 Eppingworth Lane
Edgbaston, Birmingham BI5 2TT

10th **March 1999**

Dear Mr. Marks,

Thank you for your letter of 7th March in relation to your order nos. 8214, 8297, 8301 and 8322.

We greatly regret delays in the shipment of these orders. Unfortunately, a strike of clerical workers resulted in a near shutdown of our operations for almost nine weeks. Only now are we beginning to make substantial progress in catching up on our production schedule.

I must personally apologise for not having advised you of these unavoidable delays. I am sure, however, that you will appreciate that conditions here have been somewhat chaotic as a consequence of this industrial action.

We are naturally very sorry for the inconvenience you have had to suffer on account of our problems but we can assure you, now that our production is again running according to plan, that you can rely on prompt delivery of future orders.

Yours faithfully,

Samuel Glover
General Manager

A short explanation of how a problem has arisen is often necessary, but there is no need for a detailed, blow-by-blow account. The customer is not interested in such matters, but in having the situation put right. In no event should the seller blame his staff. His sole aim, as in the following letter, is to rectify the situation and restore good relations with the customer.

USEFUL EXPRESSIONS

☞ Owing to unusual circumstances, we have not been able to honour our commitments, but we can assure you that next time we will do our best to give you entire satisfaction.

☞ We hope you will forgive us for this inconvenience.

Mansoor Al Mansoor
Oilfield Services

P.O. Box 45
Abu Dhabi — U.A.E.

Steel Accessories
13 Crescent Grove
London NW3, J24 — U.K.

12 de marzo de 1999　　　　　**Ref : MG/374**

Muy Sres. míos:

Somos una empresa comercial muy activa y bien establecida con un equipo de ventas motivado y altamente cualificado compuesto por ingenieros. Estamos especializados en la distribución de productos específicos de la industria del petróleo. (Para más detalles sírvanse referirse al folleto adjunto). Como tales, representamos a muchas compañías de primera línea como Forsythe y Brown, y Carlin e Hijos, pues según las leyes de este país, todas las importaciones deben ser manejadas por una empresa local.

Sabemos que son ustedes líderes internacionales en su ámbito de actuación y nos gustaría ser sus representantes exclusivos en los Emiratos Árabes Unidos. Estamos convencidos de que nuestro gran conocimiento del mercado, así como nuestras instalaciones de reparaciones y servicio posventa - 5 talleres en todos los Emiratos - pueden ayudarles a desarrollar todo su potencial de crecimiento en este país y ganar puntos decisivos a la competencia en un entorno en el que la fecha de entrega tiende a ser un factor crucial y donde se prefieren los productos locales a sus homólogos extranjeros.

Si están ustedes interesados en nuestros servicios, tendría sumo gusto en visitarles personalmente con motivo de un próximo viaje a Europa para hablar de los términos de nuestra futura cooperación.

Aprovecho la ocasión para saludarles atentamente,

Malcom Greenway
Director Gerente

Anexos.

Para que una empresa pueda abrir una sucursal o una agencia de ventas en un país extranjero, es necesaria una gran inversión. Por lo tanto, gran parte de las transacciones internacionales se llevan a cabo por medio de representaciones, las cuales están generalmente instaladas en el país del comprador. Un representante puede ser nombrado directamente por la empresa exportadora o bien - como en el ejemplo - ofrecer sus servicios, y si es aceptado, negociar los términos del acuerdo.

Mansoor Al Mansoor
Oilfield Services

P.O. Box 45
Abu Dhabi — U.A.E.

**Steel Accessories
13 Crescent Grove
London NW3, J24 — U.K.**

12th March 1999   **Ref : MG/374**

Dear Sirs,

We are a well-established, active trading company with a highly qualified and motivated sales force of engineers and we specialise in the distribution of products specific to the oil industry. (Please refer to the enclosed brochure for details). As such, we represent many top quality companies such as Messrs. Forsythe & Brown and Messrs. Carlin & Sons, the law of this country requiring all imports to be handled by a local firm.

We know you to be an international leader in your field of expertise and we would like to be your exclusive agents in the U.A.E. We believe our in-depth knowledge of the market and its actors, as well as our after-sales repair facilities — 5 workshops throughout the U.A.E. — can help you realise your full potential growth in this country and win the decisive edge over the competition in an environment where delivery tends to be a crucial factor and where local content is almost always preferred over a foreign-based counterpart.

Should our offer of service interest you, I would be pleased to call on you personally on the occasion of a forthcoming trip to Europe, to discuss the terms of our future cooperation.

Yours faithfully,

Malcom Greenway
Managing Director enc.

encs.

For a firm to set up a manufacturing subsidiary or sales company in a foreign country, a high capital outlay is required. Consequently, an enormous amount of international trade is conducted by means of agencies, which are usually in the buyer's country. An agent can either be appointed directly by the exporting firm or — as in this example — offer his services and, if accepted, negotiate the terms of agreement

Steel Accessories Ltd.,

13 Crescent Grove,
London NW3 J24,
United Kingdom

Mansoor Al Mansoor
Oilfield Sces.
P.O. Box 45
Abu Dhabi — U.A.E.
Atención: Sr. M. Greenway
Director General

12 de marzo de 1999   **Ref: GP/467-98/fd**

Estimado Sr. Greenway:

Asunto: Solicitud de representación para los Emiratos Árabes Unidos.

Agradecemos su carta del 13 de marzo. Aún no hemos tomado una decisión sobre nuestra elección de representantes para los Emiratos Árabes Unidos y por tanto quisiéramos tener la oportunidad de reunirnos con ustedes en Londres.

Para su información, y como base para nuestra conversación, incluimos un borrador de Acuerdo de Representación redactado por nuestro departamento jurídico y que contiene la mayor parte de los términos y condiciones generales vigentes entre nuestra empresa y nuestros representantes.

Sin embargo, cualquiera que sea el resultado de nuestro encuentro, nos gustaría decirles ante todo que, como ya tenemos varios talleres autorizados en los Emiratos, no vemos de momento la necesidad de nombrar a otro representante. Nuestra conversación por lo tanto se limitará estrictamente a un posible acuerdo de representación.

A la espera de conocernos en breve, les saludamos muy atentamente,

Graham Plunkett
Director Comercial

La siguiente carta es una respuesta a la oferta de la carta 13.1. La empresa principal, Steel Accessories Ltd., está interesada en conocer al representante que se ha ofrecido, y puede que esté más interesada en asegurarse sus servicios de lo que pueda parecer. Si es así, esta carta se puede considerar como una afirmación de su postura inicial de negociación.

EXPRESIONES
ÚTILES

☞ Nos complacería estar representados por una empresa de su posición y reputación.
☞ Incluimos nuestras tarifas y descuentos, que están en línea con los de otras compañías del sector.

Steel Accessories Ltd.,

13 Crescent Grove,
London NW3 J24,
United Kingdom

Mansoor Al Mansoor
Oilfield Sces.
P.O. Box 45
Abu Dhabi — U.A.E.
Attn: Mr. M. Greenway
Managing Director

12ᵗʰ March 1999   Ref : GP/467-98/fd

Dear Mr. Greenway,

Subj : Agency request for the U.A.E.

We thank you for your letter of 13ᵗʰ March. We have not yet come to a decision as to our choice of agents in the U.A.E. and would therefore be glad of the opportunity to meet you in London.

For your information, and as a basis for discussion, we enclose a draft Agency Agreement drawn up by our legal department and containing most of the general terms and conditions which apply between ourselves and our agents.

Whatever the outcome of our meeting, however, we would like to say straight away that since we already have several licenced workshops in the U.A.E., we see no need for yet another licensee for the time being. Our conversation will therefore be limited strictly to a possible agency deal.

We look forward to meeting you in the near future.

Yours sincerely,

Graham Plunkett
Commercial Manager

The following letter is in reply to the offer in 13.1. The principal, Steel Accessories Ltd., are interested in meeting the proposed agent, and may also be more interested in securing his services than they wish to appear. If so, this letter may be considered as a statement of their initial negotiating position.

USEFUL EXPRESSIONS

☞ We shall be glad to be represented by a firm of your stature and reputation.
☞ We are enclosing our price lists and discounts, which are in line with those of other companies in this field.

Prescott & Co, Stationers

5 Whitechapel Road
London EC1Y 4UP
Ref : TP/789

All Prints Bookshop
P. O. Box 760
3000 DK Rotterdam
The Netherlands
Atención: Steven Whitbread
Director General

7 de julio de 1999

Estimado Sr. Steven:

Asunto: Contrato de Representación

Como continuación a nuestra reunión de Londres, nos complace confirmarles que con efecto del 1 de agosto de 1999 serán Vds. nuestros representantes exclusivos en los Países Bajos para todos los productos vendidos por nosotros o de nuestra propiedad. Tal como acordamos en nuestra última reunión, antes de la firma deberán añadirse al Contrato los puntos siguientes:

a) Todos los precios dados por nosotros (véase «Tarifa» en el Anexo A) deberán permanecer inalterados cuando sean transmitidos a un cliente final.

b) La comisión será abonada trimestralmente a los 45 días a partir de nuestro estado de cuentas y no será deducida de sus facturas.

c) Se deberá aplicar un descuento del 2,5% a todos los pedidos que superen las 3.000 libras.

d) Ustedes deberán informar mensualmente sobre el volumen de ventas del mes. Su informe deberá ir acompañado de un giro por la cantidad de dichas ventas.

Ultimaremos el acuerdo y lo pasaremos a ustedes para su firma. Esperando mantener con Vds. una cooperación comercial llena de éxitos, les saluda atentamente,

Timothy Prescott
Director

El tono de la carta siguiente, a pesar del saludo personal, está principalmente dictado por consideraciones legales. Prueba de ello es el repetido uso del verbo auxiliar «deber».

Prescott & Co, Stationers

5 Whitechapel Road
London EC1Y 4UP
Ref : TP/789

All Prints Bookshop
P. O. Box 760
3000 DK Rotterdam
The Netherlands
Attn : Steven Whitbread
General Manager

7th July 1999

Dear Steven,

Subj : Agency Agreement

Further to our meeting in London, we are pleased to confirm that with effect from 1st August 1999 you shall be our exclusive agent in the Netherlands for all products sold or owned by us. In accordance with our last discussion, the following points shall be added to the Agreement prior to signature :

a) All prices quoted by us (See "Price List" in Appendix A) shall remain unchanged when passed on to the final end customer.

b) Commission shall be paid quarterly at 45 days from the date of our statement and shall not be deducted from your invoices.

c) A discount of 2.5% shall be applied to all orders in excess of £3,000.

d) You shall report monthly on the volume of sales for that month. A bank draft for the amount of these sales shall accompany your report.

We shall finalise the Agreement and pass it on to you for signature. We look forward to a successful business cooperation.

Yours sincerely,

Timothy Prescott
Director

The tone of the following letter, in spite of the first name greeting, is largely dictated by legal considerations. One sign of this is the repeated use of the auxilliary "shall" — normally used only with the first persons singular and plural but, in legal documents also with the third persons singular and plural (he, they), and with the second person (you)

Duchaussoy & Fils

66 Avenue de l'Adour
64603 Anglet, France

Sæland SA
6 Gjerdesberget
N-4045 Hafrsfjord, Norway

13 de mayo de 1999

Estimada Sra. Johnsen:

Como continuación a su oferta del 4 de abril de 1999, tengo el agrado de incluir nuestra Orden de Compra formal. Sin embargo hemos debido trabajar muy duro para conseguir este pedido, y hemos conseguido asegurarlo únicamente mediante una reducción del 2,5% sobre nuestra propia comisión.

Ya he tenido ocasión de comentar extensamente la naturaleza cambiante del mercado - la gente tiende a comprar cantidades cada vez mayores de artículos baratos sudamericanos y chinos y cada vez menos artículos de calidad fabricados en Europa. Esta tendencia es cada día más patente y resulta cada vez más difícil conseguir ventas ante semejante competencia.

Estamos dispuestos a fomentar nuestra campaña publicitaria y a dar un fuerte empujón a nuestras ventas, porque estamos convencidos de que se pueden hacer buenos negocios. Sin embargo, a no ser que estén ustedes dispuestos a reducir sus precios en todos los artículos, este esfuerzo no sería de mucha ayuda. Más aún, tal y como están las cosas, me siento pesimista sobre el futuro de las demandas de ofertas pendientes.

Estoy deseando conocer su punto de vista sobre este asunto.

Muy atentamente,

Marcel Duchaussoy

Anexos: Orden de compra 87/99

En esta carta, el representante francés se queja a su empresa matriz de Noruega del impacto negativo que los altos precios practicados por esta última tiene en los negocios. Observen el formato de la carta, que: (1) describe un problema concreto, (2) de ahí pasa a un problema general, (3) propone una solución conjunta por ambas partes, y (4) invita a la empresa matriz a exponer sus puntos de vista sobre esta propuesta.

EXPRESIONES ÚTILES

☞ Como ya deben saberlo, sus competidores alemanes y japoneses están ya firmemente establecidos en este mercado.
☞ Esto significaría una considerable inversión de capital, en vista de lo cual debo pedirle que se hagan cargo de una parte de los costes.

Duchaussoy & Fils

66 Avenue de l'Adour
64603 Anglet, France

Sæland SA
6 Gjerdesberget
N-4045 Hafrsfjord, Norway

13th May 1999

Dear Ms Johnsen,

Further to your offer of 4th April 1999, I am pleased to enclose our formal Purchase Order. We have had to work particularly hard to obtain this order, however, and only managed to secure it at the cost of a 2.5% reduction in commission for ourselves.

I have already had occasion to comment at length on the changing nature of the market — people tend to buy increasing quantities of cheap South American and Chinese items and fewer and fewer quality items manufactured in Europe.This trend is becoming more marked every day, and it is more and more difficult to win business in the face of such competition.

We are quite willing to step up our advertising and really make a strong sales drive, because we are convinced that there is business to be obtained. However, unless you are prepared to make an all-round price cut, such an effort would have little chance of success. Indeed, as matters stand, I can only be pessimistic about the future of our pending enquiries.

I am anxious to hear what your position is on this matter.

Yours sincerely,

Marcel Duchaussoy

enc : P.O. 87/99

In this letter, the French agent complains to his Norwegian principal about the negative effect on business of the latter's high prices. Note the format of the letter, which describes (1) a specific problem, (2) moves from that to a general problem, (3) proposes a two-pronged joint solution, and (4) invites the principal to state his views on this proposal.

USEFUL EXPRESSIONS

☞ As you probably know, your German and Japanese competitors are very firmly established in this market.
☞ This would mean a considerable capital outlay, in view of which I must ask you to bear part of the costs.

Rom.com International

4400 Pinewood Drive, Dickinson, Texas 77539
Tel: (281) 534-4722
Fax: (281) 534-6210
http://www.minotaur.com

Babel SA,
8 Place des Bloques,
63000 Clermont-Ferrand, France

20 de enero de 1999

Muy Sr. mío:

En vista del aumento continuo de la demanda de nuestro software educativo, hemos decidido nombrar a un representante para ocuparse de nuestras exportaciones a Francia. Su empresa nos ha sido recomendada por Impaqt Software del Reino Unido.

Incluimos nuestro último catálogo con descripciones detalladas de las diversas categorías de software que fabricamos. Como verán ustedes, parte de nuestro material se vendería mejor si fuese traducido al francés, pero la mayor parte puede ponerse a la venta tal y como está, acompañándolo únicamente de la traducción del modo de empleo.

A partir de nuestras propias observaciones y de la experiencia de nuestros competidores, estamos convencidos de que hay un inmenso mercado potencial a la espera de ser explorado. Un representante activo y emprendedor podría hacer buenos negocios en este campo. Como pensamos que usted es la persona idónea para ello, nos gustaría ofrecerle la representación en el caso de que esté usted interesado, escuchando con agrado sus opiniones.

Ofrecemos una representación exclusiva, y le suministraríamos las existencias iniciales con un crédito a 6 meses. Las entregas posteriores le serían facturadas con una reducción del 10% sobre los precios de exportación, mediante pagos trimestrales por giro bancario.

Les agradeceríamos nos contestaran lo antes posible, ya que deseamos tomar una rápida decisión. Esperando que considere nuestra oferta como una buena oportunidad, le saluda atentamente,

Harry Baldwin
Jefe ejecutivo

En el caso siguiente, la empresa matriz, después de una cuidadosa investigación, entra en contacto con un posible representante. Indica inmediatamente su propósito y describe sus productos. En la parte central de la carta, la empresa «vende» la idea. Finalmente, proporciona información concreta sobre el tipo de contrato que propone e invita al destinatario a contestar rápidamente.

Rom.com International

4400 Pinewood Drive, Dickinson, Texas77539
Phone: (281) 534-4722
Fax: (281) 534-6210
http://www.minotaur.com

Babel SA,
8 Place des Bloques,
63000 Clermont-Ferrand, France

20th January 1999

Dear Sir,

In view of the steady increase in the demand for our educational software, we have decided to appoint an agent to handle our export trade with France. Your firm has been recommended to us by Impaqt Software, United Kingdom.

We are enclosing our most recent catalogue containing detailed descriptions of the various categories of software we produce. As you will see, some of our material will clearly benefit from translation into French, but most of it can be marketed as is, with only the accompanying "Instructions for Use" translated.

From our own observations and the experience of competitors, we are convinced that there is an enormous market potential waiting to be tapped, and a really active, go-ahead agent could develop a fine business in this line. As we think you are the right people to do this, we should like to offer you the agency if you are at all interested, and we should welcome your views.

We offer a sole agency, and would supply you with a reasonable initial stock on a credit of 6 months. Further supplies would be invoiced to you at 10% below export prices, with payment by quarterly draft.

An early reply would be appreciated, as we wish to reach a quick decision. Meanwhile we hope you will see in our offer a worthwhile opportunity.

Yours faithfully,

Harry Baldwin
C.E.O.

In the following case, the principal, after careful investigation, approaches a possible agent. He immediately states his purpose and describes his products. In the central part of the letter, he "sells" his idea. Finally, he gives specific information about the kind of agreement he is proposing and invites his reader's prompt response.

Mr. Frank Nunn,
Director of Marketing
R.P. Mulwich Company,
1079 Main Street,
Akron, Ohio

17 de junio de 1999

Estimado Sr. Nunn:

He leído en la última edición del «Strategic Electronics» su anuncio solicitando un director regional de ventas y interesado en el puesto. Como verá usted en mi curriculum, mi experiencia incluye varios años de marketing. Estoy convencido de que los conocimientos que he adquirido en la gestión comercial y de ventas podría beneficiar a su organización.

Durante los años que trabajé en Techtel, las ventas en mi zona aumentaron según un promedio anual del 10%. Después de cuatro años en ese puesto, asumí la responsabilidad de formar al nuevo personal de ventas. Esta experiencia me ha preparado para coordinar los esfuerzos de todas las fuerzas de venta del sudoeste.

Espero mantener en breve una entrevista con Vds. para tener la oportunidad de hablar sobre mis cualificaciones. Les ruego se pongan en contacto conmigo en horas de oficina en el teléfono (214) 962-8300. Espero contribuir con mis conocimientos y mi experiencia a los continuos éxitos de su empresa.

Atentamente,

Scott D. Koefler
5821 Exton St., Apt. # 41
Dallas, TX 75206

Nunca se debe enviar un Curriculum sin una carta de presentación, que es, en realidad, una carta de ventas que ofrece las habilidades y conocimientos del solicitante. Ésta debe: (1) referirse a la fuente de información del puesto, (2) identificar un ámbito de empleo o indicar un título concreto, (3) mencionar las cualificaciones que son especialmente adecuadas para el puesto, (4) referirse al CV sin repetirlo, (5) solicitar una entrevista. Como cualquier carta de ventas, tiene que atraer la atención del lector e impresionarle favorablemente. El planteamiento de la siguiente carta es americano.

EXPRESIONES ÚTILES

☞ En contestación a su anuncio publicado en el «Economist's Digest» del 17 de noviembre, quisiera solicitar el puesto de Economista de Proyectos.

☞ Me encantaría tener la oportunidad de trabajar para una compañía tan importante como la suya.

☞ Estoy deseando trabajar para una empresa internacional donde dispondría de un abanico más amplio para mis habilidades y cualificaciones.

☞ Tendré mucho gusto en acudir a una entrevista previo aviso de 48 horas.

Mr. Frank Nunn,
Director of Marketing
R.P. Mulwich Company,
1079 Main Street,
Akron, Ohio

June 17, 1999

Dear Mr. Nunn,

I have seen your advertisement for a regional sales manager in the current edition of "Strategic Electronics" and wish to apply for the position. As you will see from my career resume, my background includes several years of marketing experience. I believe the knowledge I have gained of sales and commercial administration would benefit your organization.

During my years at Techtel, sales in my territory expanded at an average annual rate of 10%. After four years on the job, I was given the additional responsibility of training our new sales personnel. This experience has prepared me to coordinate the efforts of the entire southwest sales force.

I hope we can meet in the near future to discuss my qualifications in detail. Please contact me during business hours at (214) 962-8300. I look forward to contributing my knowledge and expertise to the continued success of your organization.

Sincerely,

Scott D. Koefler
5821 Exton St., Apt. # 41
Dallas, TX 75206

A CV should never be sent without a covering letter, in effect a sales letter marketing the applicant's skills, abilities and knowledge. It should : (1) refer to the source of information about the job, (2) identify an employment area or state a specific job title, (3) mention qualifications which are particularly appropriate to the job, (4) refer to the resume without duplicating it, (5) request an interview. Like any sales letter, it has to catch the reader's attention and impress him favourably. The layout of the following letter is American.

USEFUL EXPRESSIONS

▣ In reply to your advertisement published in "Economist's Digest" of November 17, I wish to apply for the post of Project Economist.
▣ I would welcome the opportunity to work in a company of your stature.
▣ I am eager to move into an international firm where I would have wider scope for my abilities and qualifications.
▣ I am available for interview at 48 hours' notice.

WILLIAM R. KLEIN
828 Magnolia Drive
Bellevue, NE 68005
Tel : (402) 342-5006
e-mail : wrklein@plungnet.com

OBJETIVO DEL EMPLEO:

> ꞏ Un puesto a nivel básico relacionado con la compra al detalle o el desarrollo de nuevos productos.

ESTUDIOS:

> · Licenciado en Ciencias de la Administración con especialidad en marketing y venta al detalle, Universidad de Valparaíso, Valparaíso, Indiana, mayo de 1999
> · Diplomado en Ciencias de la Administración, Colegio Comunitario Bellevue, Bellevue, NE, junio de 1997

EXPERIENCIA DE TRABAJO:

> · Ayudante del director en la sección de ropa juvenil, Almacenes Mayfield, Valparaíso, Indiana, julio 1998 - mayo 1999. Formación y supervisión de los nuevos dependientes, estudio de nuevas líneas de productos y sugerencias de productos para la publicidad.
> · Dependiente, Artículos de Deporte Johnson, Bellevue, NE, abril 1995 - mayo 1996. Solución de los problemas cotidianos con los clientes; diseño y aplicación de un nuevo sistema de anotación de pedidos; contacto con los clientes que se habían quejado recientemente sobre el servicio de la tienda o los productos.

OTRAS EXPERIENCIAS:

> · Presidente de programas y afiliaciones, Cabildo Universitario de Valparaíso de la Asociación Americana de Marketing, septiembre 1997 - mayo 1998.
> · Ayudante de investigación de marketing, Oficina del alumnado, Universidad de Valparaíso, enero - mayo 1999.
> ·Estudiante voluntario, programa comunitario de atención a los ancianos, Asociación cívica de Bellevue, septiembre 1997 - diciembre 1998.
> · Vice-presidente de los Socios, Fraternidad Delta Gama 1989-1990

PREMIOS:

> · Premio al Mejor Estudiante, Cabildo Universitario de Valparaíso de la Asociación Americana de Marketing, mayo 1998.
> · Becario de la Cámara de Comercio de Bellevue, junio de 1997.

REFERENCIAS:

> · Disponibles a petición suya.

El curriculum puede ser presentado de varias maneras. Desde luego hay libros enteros que proponen diversos modelos en función del trabajo, de la compañía, del candidato y de muchos otros factores. Sin embargo todos los autores están de acuerdo en dos reglas básicas: (1) el curriculum debe ser preciso, bien expuesto y fácil de leer; (2) con la excepción de puestos muy especializados, no debería superar las dos páginas.

WILLIAM R. KLEIN
828 Magnolia Drive
Bellevue, NE 68005
Tel : (402) 342-5006
e-mail : wrklein@plungnet.com

EMPLOYMENT OBJECTIVE:

· An entry-level position related to retail buying or new product development.

EDUCATION:

· Bachelor of Science in Business Administration with a marketing and retailing emphasis, Valparaiso University, Valparaiso, Indiana, May 1999.
· Associate of Arts, Business Administration, Bellevue Community College, Bellevue, NE, June 1997.

EMPLOYMENT EXPERIENCE:

· Assistant department manager, youth clothing, Mayfield Store, Valparaiso, Indiana, July 1998-May 1999. Trained and supervised new sales clerks, reviewed new product lines, and suggested products for advertising.
· Sales clerk, Johnson Sporting Goods, Bellevue, NE, April 1995-May 1996. Handled daily customer situations and designed and implemented new order entry system: contacted customers who had recently complained about store service or products.

RELATED EXPERIENCE:

· Program and membership chairperson, Valparaiso University Chapter of the American Marketing Association, September 1997-May 1998.
· Marketing research assistant, Alumni Office, Valparaiso University, January-May 1999.
· Student volunteer, care for the elderly community program, Bellevue Civic Association, September 1997-December 1998.
· Vice-President for Membership, Delta Gamma Fraternity, 1989-1990.

HONORS:

· Student Achievement Award, Valparaiso University Chapter of the American Marketing Association, May 1998.
· Received Scholarship, Bellevue Chamber of Commerce, June 1997.

REFERENCES:

· Available upon request.

The CV (or resume) may be presented in many different ways. Indeed, entire books exist proposing various models, depending on the job, the company, the candidate, and a host of other factors. All authors agree, however, on 2 basic rules : (1) the CV must be precise, carefully laid out and easy to read ; (2) except for extremely specialised posts, it should not exceed 2 pages in length.

GLOBAL SUPPLY COMPANY

1940 Canal Street,
New Orleans, Louisiana 40114-8124

Mr. Raymond Ryder,
2700 Chestnut Avenue,
Oklahoma City, OK

9 de marzo de 1999

Estimado Sr. Ryder:

Como continuación a nuestra entrevista del viernes, 6 de marzo, me complace ofrecerle el puesto de vendedor regional en nuestra compañía.

Adjunto encontrará dos copias del contrato de empleo. Tenga la amabilidad de firmar ambas copias y de devolverlas al Sr. F. Barbier, Jefe de Recursos Humanos. Los otros formularios adjuntos se entregan a todos los nuevos empleados y proporcionan información respecto a la cuota de jubilación, el comedor del personal, el club social y deportivo, otras instalaciones y beneficios complementarios así como la política general de la compañía.

Atentamente,

Hank L. Williams
Director Ejecutivo

Anexos: 2 copias del contrato de empleo
1 manual sobre la Política de Empleados
1 Informe anual G.S.C. 1998

Después de una entrevista en la que se ha ofrecido un puesto de trabajo, la persona que contrata escribe al candidato elegido para informarle formalmente de los términos y condiciones del empleo. Cuanto más importante sea la compañía, es más probable diversos documentos informativos acompañen a la carta.

EXPRESIONES ÚTILES

▭ Como continuación a nuestra conversación telefónica del 11/6/1998 tengo el agrado de confirmarle que las condiciones de su puesto de trabajo son como sigue:...

▭ Tiene usted derecho a dos billetes aéreos al año en clase económica con salida o destino su lugar de residencia en España.

▭ Su salario mensual será de 2.300 dólares, excluyendo las horas extraordinarias.

▭ Su salario anual será calculado sobre la base de 13 meses al año.

▭ El salario correspondiente a las vacaciones será calculado sobre la base de un máximo de 35 días de vacaciones al año.

▭ Como representante local nuestro, todos los gastos en los que Vd. incurra mientras esté trabajando para la compañía serán abonados por ella.

GLOBAL SUPPLY COMPANY

1940 Canal Street,
New Orleans, Louisiana 40114-8124

Mr. Raymond Ryder,
2700 Chestnut Avenue,
Oklahoma City, OK

9th March 1999

Dear Mr. Ryder :

Further to our interview on Friday, March 6, I am pleased to confirm our offer of a position of Regional Salesman in this company.

Enclosed are two copies of the contract of employment. Would you kindly sign both copies and return them to Mr. F. Barbier, Head of Human Resources. The other enclosures are given to all new employees and provide information relating to the superannuation fund, staff canteen, sports and social club, other facilities and fringe benefits, and company policy in general.

Sincerely,

Hank L. Williams
Chief Executive Officer

encs: 2 copies contract of employment
         1 Employee Policy Handbook
         1 G.S.C. Annual Report 1998

After an interview at which a job offer has been made, the recruiter writes to the successful candidate to formally confirm the terms and conditions of employment. The larger the company, the more likely that various informative documents will accompany the letter.

USEFUL EXPRESSIONS

☞ Further to our telephone conversation of 11/6/1998, I am pleased to confirm that the terms of your employment are as follows:

☞ You are entitled to 2 economy class plane tickets per annum to and from your place of residence in Spain.

☞ Your monthly salary will be $2,300, exclusive of overtime.

☞ Your annual salary will be calculated on the basis of 13 months per year.

☞ Paid leave will be calculated on the basis of a maximum of 35 calendar days leave per year.

☞ As our local representative, any expenses you incur while on business for the company will be borne by the company.

Apartment 464,
825 First Avenue,
Hounslow, Texas

Ms. Barbara Cole,
Personnel Officer,
Sterling & Kirby,
Almeira, Texas

6 de Marzo de 1998

Estimada Sra. Cole:

Me acaban de ofrecer un puesto de secretaria de dirección en Willard y Asociados de Rutland. El trabajo conlleva muchas responsabilidades, unas buenas perspectivas financieras y, al estar trabajando en el departamento de exportación, la oportunidad de muchos viajes al extranjero. Es una oferta que no puedo rechazar.

En consecuencia y con gran pesar, debo presentar la dimisión de mi cargo en Sterling & Kirby. Sin embargo debo reconocer todas las satisfacciones que me han proporcionado mis siete años en Sterling & Kirby y todo lo que he aprendido durante este tiempo. Estoy seguro de que la experiencia tan amplia que he adquirido con ustedes ha sido decisiva a la hora de conseguir este nuevo trabajo.

Para permitirles encontrar y formar a la persona que me sustituya, he fijado la fecha de mi marcha de Sterling & Kirby lo más tarde posible. Les agradecería me dijeran si no tienen ustedes inconveniente en que les deje dentro de siete semanas, es decir el 24 de abril.

Atentamente,

Kathy Mendez

Al presentar formalmente su dimisión, mantenga el tono objetivo y cortés, cualesquiera que sean sus motivos para dimitir. Evite las recriminaciones y, sobre todo, no queme los puentes. Comience dando una razón verosímil para dejar la empresa. Señale como nota a destacar sus experiencias en la compañía y lo que ha aprendido en ella, y avise con suficiente antelación para que su patrón pueda encontrar a un sustituto (generalmente de uno a tres meses).

EXPRESIONES ÚTILES

▣ He aceptado el puesto de encargado del Departamento de Logística en Midway Exports.

▣ Doy este paso muy a pesar mío, pues en todos estos años he hecho muchos amigos en su empresa.

▣ Entiendo perfectamente que, dada la situación económica actual, no puedan ustedes ofrecerme el salario que creo merecer por mis cualificaciones.

▣ Si no tienen ustedes inconveniente, me gustaría dejar la empresa a finales de año.

Apartment 464,
825 First Avenue,
Hounslow, Texas

Ms. Barbara Cole,
Personnel Officer,
Sterling & Kirby,
Almeira, Texas

March 6, 1998

Dear Ms. Cole,

I have just been offered a position as senior secretary at Willard and Associates in Rutland. The job entails increased responsibilities, attractive financial prospects and, since I will be working in the export department, the opportunity of a good deal of overseas travel. It is an offer I cannot refuse.

Consequently, with great reluctance, I must now submit my resignation from Sterling & Kirby. I should like to say, however, how much I have enjoyed my seven years at Sterling & Kirby, and how much I have learned during that time. I am quite sure that the varied experience I have acquired with you was instrumental in my getting this new job.

To enable you to find and train my replacement, I have fixed my date of departure from Sterling & Kirby as late as possible, and would be grateful if you would allow me to leave in seven weeks´ time, i.e. on April 24th.

Sincerely yours,

Kathy Mendez

When formally presenting your resignation, keep the tone factual and courteous, regardless of the reasons for resigning. Avoid recriminations and, above all, do not burn bridges. Begin by giving a plausible reason for leaving. Strike as positive a note as possible about your experience in the company and give sufficient notice to allow your employer to find a replacement (usually from one to three months).

USEFUL EXPRESSIONS

☞ I have accepted a position as head of the Logistics Department at Midway Exports.

☞ I take this step with great reluctance, as over the years I have made many friends in the company.

☞ I understand perfectly that, given the present economic situation, you are unable to grant me the salary I feel my qualifications deserve.

☞ If it is suitable to you, I would like to leave at the end of the year.

Richardson and Associates

Consulting Building Services Engineers
Martinez Izquierdo 9
Buenos Aires

1 de diciembre de 1998

A QUIEN PUEDA INTERESAR

La Sra. Juana SIMPSON estuvo empleada como secretaria de dirección en la sucursal de nuestra compañía desde diciembre de 1993 hasta noviembre de 1998. Nos deja ahora por decisión propia por motivos familiares.

Durante el tiempo que estuvo con nosotros demostró ser una persona muy eficiente y capaz en todas las facetas de su trabajo. Sus obligaciones incluían tareas secretariales en general - pasar cartas a máquina, así como documentos técnicos, archivos, contestar al teléfono, etc. - pero asimismo llevó a cabo otras tareas más complicadas tales como la preparación de ofertas en concursos y la presentación de presupuestos. Además era totalmente responsable de las finanzas diarias de la oficina. Durante los períodos en los que tanto mis colegas como yo mismo nos encontrábamos fuera en viaje de negocios, la Sra. Simpson demostró en todo momento un alto grado de iniciativa y seguridad.

Entre sus habilidades profesionales destacamos muy especialmente sus buenos conocimientos del Ordenador, no sólo del procesador de textos sino también de sus aplicaciones CAD. Sus conocimientos de francés e inglés también nos fueron muy útiles en numerosas ocasiones.

La Sra. Simpson mantiene una actitud alegre y responsable, y su trabajo es siempre esmerado y exacto. Es una persona de toda confianza, y se relaciona muy bien tanto con los clientes como con sus compañeros de trabajo. Lamentamos mucho perderla y no dudamos en recomendarla a cualquier empresa que contrate sus servicios.

En nombre de Ian Richardson & Associates

Carlos Urtiaga
Director Gerente

Cuando un empleado deja una compañía y pide referencias, o cuando un posible patrón pide al patrón anterior información sobre dicho empleado, es normal proporcionar una información como la que aparece a continuación. En muchos países es ilegal hablar mal de un antiguo empleado, por lo que la opinión del patrón sobre su empleado debe ser deducida del entusiasmo con el que escribe sobre él (o de su falta de entusiasmo).

EXPRESIONES ÚTILES

☞ La Srta. Struthers se ha mostrado siempre muy motivada y es una trabajadora infatigable.

☞ Sentimos vernos privados de los servicios del Sr. Hanvey.

Richardson and Associates

Consulting Building Services Engineers
Martinez Izquierdo 9
Buenos Aires

December 1st, 1998

TO WHOM IT MAY CONCERN

Mrs. Juana SIMPSON was employed as an Executive Secretary / Administrative Assistant in our company's local branch from December 1993 until November 1998. She is leaving us now of her own decision for family reasons.

During the time she spent with us, we found her to be extremely efficient and capable in all aspects of her work. Her duties included general secretarial tasks - typing letters and technical documents, filing, answering telephones, etc. - but also other, more demanding tasks, such as the preparation of tenders and the submission of quotations. Moreover, she was entirely responsible for the handling of all day-to-day office finances. During periods when my colleagues and myself were absent on business, Mrs. Simpson constantly displayed the highest degree of initiative and self-reliance.

Of her professional skills, her sound knowledge of the PC, not only for word-processing but also for CAD applications, was particularly appreciated. Her bilingual ability in French and English also proved a valuable asset on numerous occasions.

Mrs. Simpson has a conscientious and cheerful attitude, and her work is always neat and accurate. She is a trustworthy and dependable person, well-liked by clients and colleagues alike. While we very much regret losing her services, we have no hesitation whatever in strongly recommending her to any future employer.

for Ian Richardson & Associates

Carlos Urtiaga
Managing Director

When an employee leaves a company and asks for a reference, or when a prospective employer asks a past employer for information regarding that employee, it is normal to provide a statement of the kind shown below. In many countries, it is against the law to speak badly of a past employee, so it is mainly the writer's enthusiasm (or lack of enthusiasm) which conveys his opinion.

USEFUL EXPRESSIONS

☞ Miss Struthers was always highly motivated and hard-working.
☞ We were most sorry to lose Mr. Hanvey.

HUBCO Corporation

1790 Brielle Ave., Unit A-2
Ocean, NJ 07712
Tel : (752) 695-9428
Fax : (752) 695-9496
e-mail : hubco.co@AOL.com

Hilton Hotel
P. O. Box 1102
Dubai - U.A.E.
Atención: Tawfiq Maktoom
Director Comercial

9 de junio de 1999

Estimado Tawfiq:

Sirvan estas líneas para confirmar nuestra conversación telefónica de hoy. Quisiéramos reservar habitaciones para 3 directivos en la planta de ejecutivos, de acuerdo con los detalles siguientes:

- P. Robbins,   llegada BA210 17.45 12/6,
  salida 10.00 14/6 .... 2 noches.

- J. Carghill,   llegada SA430 21.15 12/6,
  salida 10.00 14/6 .... 2 noches.

- P. Goodman,   llegada KL050 23.45 13/6,
  salida 09.00 16/6 .... 3 noches.

Los tres deben ser recogidos en el aeropuerto.

Además, (1) El Sr. Robbins necesitará servicio de secretaria inmediatamente después de su llegada al hotel; (2) El Sr. Goodman quiere reservar una mesa para 6 en el Restaurante Jade el día 13/6 a las 20.30.

Entendemos que las tarifas en vigor son las que especifican en su presupuesto TM/213 del 3 de junio. Sírvanse confirmar por fax.

Esperando que todo salga bien como de costumbre, le saluda atentamente,

pp. Allan Thwaite
Director Ejecutivo

En una carta como ésta, la precisión y la claridad son naturalmente de la máxima importancia. Las reservas se hacen primero por teléfono y después, como en el ejemplo, se confirman por fax o por carta. Se debe tener mucho cuidado al indicar las necesidades específicas de los diferentes viajeros.

EXPRESIONES ÚTILES

☞ ¿Tendrían la amabilidad de reservar dos habitaciones dobles para la semana del 4 al 11 de marzo?
☞ Necesitamos tres habitaciones sencillas, cada una de ellas con baño, en el mismo piso, del 3 al 9 de septiembre, seis noches en total.
☞ Tengan la amabilidad de reservar una habitación doble con una habitación individual comunicada.
☞ Necesito asimismo una habitación lo suficientemente grande como para poder mantener una conferencia con unas 20 personas.
☞ ¿Pueden confirmar esta reserva por fax?
☞ ¿Podrían enviarnos un fax confirmando esta reserva?

HUBCO Corporation

1790 Brielle Ave., Unit A-2
Ocean, NJ 07712
Phone : (752) 695-9428
Fax : (752) 695-9496
e-mail : hubco.co@AOL.com

Hilton Hotel
P. O. Box 1102
Dubai - U.A.E.
Attn: Tawfiq Maktoom
Sales Manager

June 9th, 1999

Dear Tawfiq,

This is to confirm our telephone conversation of today, i.e. we want to make bookings for 3 senior staff on the executive floor. Details are :

- P. Robbins,   arriving BA210 17:45 6/12,
                  leaving 10:00 6/14, ... 2 nights

- J. Carghill,   arriving SA430 21:15 6/12,
                  leaving 10:00 6/14, ... 2 nights

- P. Goodman,   arriving KL050 23:45 6/13,
                  leaving 09:00 6/16, ... 3 nights

All three should be picked up at the airport.

Additionally, (1) Mr. Robbins will need secretarial services immediately after arrival at the hotel ; (2) Mr. Goodman wants to book a table for 6 at the Jade Restaurant on 6/13 at 20:30.

We understand that applicable rates will be those specified in your quotation TM/213 of June 3rd. Please confirm by return fax. We expect everything to go smoothly, as usual.

Sincerely,

pp. Allan Thwaite
C.E.O.

Naturally in a letter such as this, precision and clarity are of the utmost importance. Reservations are usually first made by phone, then, as in the example, confirmed by fax or letter. Particular care should be taken when stating the specific requirements of different travellers.

USEFUL EXPRESSIONS

☞ Would you please reserve two double rooms for the week March 4-11?
☞ We require three single rooms, each with a private bathroom, on the same floor, from September 3-9, six nights in all.
☞ Kindly reserve one double room with an adjoining single room.
☞ I also need a room large enough to hold a conference with approximately 20 people.
☞ Will you please "confirm this booking by return fax?
☞ Could you please fax confirmation of this reservation?

ROM.COM INTERNATIONAL

4400 Pinewood Drive
Dickinson, Texas 77539
Tel: (281) 534-4722
Fax: (281) 534-6210
http://www.minotaur.com

Mr. William Costello
Big Bill's CompuStore,
517 West 23rd St.
Austin, TX 78705

16 de mayo de 1999

Estimado Sr. Costello:

Sirva esta carta para presentar al Sr. Greg Barton, que es representante de ROM.COM Ltd. y que tiene intención de recorrer el área de Austin la próxima semana y visitar algunas empresas.

He sugerido que le visite a usted porque, teniendo en cuenta sus pedidos anteriores, estoy seguro de que le interesará a usted conocer nuestros últimos productos antes de que salgan a la venta en otoño. Cualquier sugerencia que tenga a bien hacernos sobre estas versiones de prueba será bien recibida. Como sabe usted, siempre hacemos todo lo posible para innovar y adaptarnos a la demanda del cliente.

Estamos seguros de que encontrará usted la nueva gama muy atractiva y a precios competitivos. También le interesará saber que vamos a lanzar una campaña de spots publicitarios en la TV a nivel nacional, teniendo como objetivo a los alumnos de instituto y a sus padres. Los estudios del mercado han demostrado que son nuestros principales clientes.

Nuestro representante el Sr. Barton estará encantado de darle toda la información que necesite para estos proyectos. Él le telefoneará para concertar una cita en cuanto llegue a Austin el lunes que viene. Confiamos en que pueda usted pasar algún tiempo con él.

Aprovecho la ocasión para saludarle atentamente,

George Hayden
Director Comercial

El objetivo de la siguiente carta es informar a un cliente o posible cliente de la próxima visita de un comercial. Sin embargo dicha carta debe ser algo más que una simple cortesía. Debe proporcionar unos argumentos comerciales sólidos que llamen la atención del lector (p. ej. precios ventajosos, productos de gran calidad, garantía de devolución del dinero, etc.) así como proporcionar al comercial una base sólida en la que apoyarse.

ROM.COM INTERNATIONAL

4400 Pinewood Drive
Dickinson, Texas 77539
Tel: (281) 534-4722
Fax: (281) 534-6210
http://www.minotaur.com

Mr. William Costello
Big Bill's CompuStore,
517 West 23rd St.
Austin, TX 78705

16th May 1999

Dear Mr. Costello :

This is to introduce Mr. Greg Barton, who is a representative of ROM.COM Ltd. and who intends to tour the Austin area in the forthcoming week and to call on a number of firms.

I have suggested that he visit you because, having taken careful note of you past orders, I am sure you will be interested in discovering our latest products before we put them on general release in the fall. Any suggestions you care to make concerning these demo versions will be much appreciated. As you know, we always do our best to innovate and to adapt to customer demand.

We have no doubt at all that you will find the new lines particularly attractive and competitively priced. You will also be interested to learn that we are going to launch them with a nationwide TV advertising campaign targeting junior-high school kids and their parents. Market research shows that these are our main customers.

Our Mr. Barton will certainly be delighted to give you all the information you need on these projects. He will phone you to make an appointment as soon as he arrives in Austin next Monday. We do hope you will be able to spend some time with him.

Sincerely yours,

George Hayden
Marketing Manager

The purpose of the following letter is to inform a prospective or existing customer of a forthcoming visit by a sales representative. Such a letter, however, should be more than a simple courtesy. It should provide sound commercial arguments which will catch the reader's attention (e.g. advantageous pricing, state-of-the-art products, money-back guarantee, etc.), as well as give the representative a solid foundation to build on.

KUIPER & FREEMONT INC.,

82-88 Midtown Expressway,
Maspeth, Queens NY 11378
Tel : 1-800-221-4140
Fax : 1-800-221-4142

**Mr. F. Zobrowski,
Deep Ocean Data Inc.,
22840 Lockness Ave.,
Torrance, CA 90501**

7 de enero de 1999

Apreciado Frank:

Un buen amigo y socio mío durante muchos años, el Sr. Robert Russell, visitará en breve la Costa Oeste. He hablado con él acerca de Deep Ocean Data Systems y le gustaría mucho conocerte y visitar tu fábrica. Me imagino que se pondrá en contacto contigo en los próximos días.

El Sr. Russell es el Director Técnico de Mediasign Security Corporation, una empresa especializada en la instalación de sistemas de copias de seguridad de datos en las escuelas, bancos, hospitales e instalaciones similares.

Su compañía acaba de conseguir importantes contratos en Arizona y Nuevo Méjico, por lo que creo que su visita será muy valiosa para ti.

En todo caso, lo consideraría como un favor personal si hicieras todo lo que esté en tu mano para hacer que la estancia del Sr. Russell en California sea tan agradable como instructiva. Puedes estar seguro de que si se presenta la ocasión, estaré encantado de hacer lo mismo por ti.

Saluda de mi parte a tu esposa.

Afectuosamente,

Sam L. Kuiper

La carta siguiente muestra cómo un empresario presenta mutuamente a dos de sus contactos, asimismo empresarios. La estructura de la carta es directa. El primer párrafo va directamente al grano, el segundo y el tercero le dicen al lector «lo que puede ganar con ello» y el cuarto proporciona una conclusión airosa y educada. Observe el toque personal en el saludo final.

EXPRESIONES ÚTILES

☞ Esta carta es para presentar al Sr. Louis Ryan, Vice-Presidente de Wire Steel Corporation de Chicago.
☞ El Sr. Montgomery ha sido socio comercial nuestro durante muchos años.

KUIPER & FREEMONT INC.,

82-88 Midtown Expressway,
Maspeth, Queens NY 11378
Tel : 1-800-221-4140
Fax : 1-800-221-4142

Mr. F. Zobrowski,
Deep Ocean Data Inc.,
22840 Lockness Ave.,
Torrance, CA 90501

January 7, 1999

Dear Frank,

A good friend and business associate of mine for many years, Mr. Robert Russell, will shortly be visiting the West Coast. I have spoken to him about Deep Ocean Data Systems and he would very much like to meet you and see over your factory. I expect he will be contacting you in the near future.

Mr. Russell is Technical Manager of Mediasign Security Corporation, a firm specializing in the installation of data backup systems in schools, banks, hospitals and similar installations.

His company has recently won several important contracts in Arizona and New Mexico, so I think his visit may be of value to you.

In any case, I would appreciate it as a personal favor if you could do your best to make Mr. Russell's stay in California a pleasant and instructive one. You may be sure that should the occasion arise, we will be only too happy to reciprocate.

With best wishes to you and your wife,

Yours ever,

Sam L. Kuiper

The following letter shows how a businessman introduces two of his contacts, also businessmen, to each other. The structure of the letter is straightforward. The first paragraph goes directly to the point, the second and third tell the reader "what's in it for him" and the fourth provides a graceful and well-mannered conclusion. Note the personal touch in the final salutation.

USEFUL EXPRESSIONS

☞ This is to introduce Mr. Louis Ryan, Vice-President of the Wire Steel Corporation of Chicago.

☞ Mr. Montgomery has been a business associate of ours for many years.

Lone Star Trucks, Inc.

350 South 13th Street,
Waco, TX 76701
Tel : 254-750-9049
Fax : 254-750-9053

The Trade Bureau
American Embassy
P. O. Box 9999,
Sultanate of Oman

5 de mayo de 1999

Muy Sres. míos:

El Agregado Comercial de la Embajada de Omán en Washington nos ha aconsejado que nos pongamos directamente en contacto con ustedes para solicitar información sobre las exportaciones a su país.

Nuestra compañía fabrica motores de camión para cargas pesadas diseñados para soportar las condiciones climáticas y topográficas más extremas. Por lo tanto creemos que nuestros productos son muy apropiados para el clima de Omán. Una comprobación en la Aduana nos ha indicado que nunca se ha vendido ningún equipo norteamericano de este tipo a Omán, sino que empresas indias y británicas han sido hasta ahora los principales proveedores.

Incluimos 10 ejemplares de nuestros catálogos, hojas de características y referencias. Les agradeceríamos nos aconsejaran sobre la mejor forma de introducirnos en este mercado - agentes, distribuidores, etc. En lo que a mí respecta, estaría dispuesto a visitar el país en viaje de reconocimiento con un aviso previo de 48 horas.

Agradeciéndole con antelación, aprovecho la ocasión para saludarle atentamente,

L.B. Shelby
Director Ejecutivo

Anexos.

La carta siguiente, en la que se solicita información, se parece mucho a las demandas de oferta de clientes que se presentan en la Sección 1. El exportador, con el fin de obtener la información que necesita, debe proporcionar mucha información sobre su propia compañía y sus productos.

EXPRESIONES ÚTILES

☞ Esperamos encontrar un representante local para actuar en nuestro nombre.

☞ En especial, deseamos saber si podríamos vender directamente a ministerios y compañías petrolíferas.

☞ ¿Podría usted recomendarnos a alguien para llevar a cabo un estudio de mercado con el fin de determinar la naturaleza exacta del mercado que necesitan nuestros productos?

☞ Agradeceríamos cualquier otra información que pudiera usted proporcionarnos.

Lone Star Trucks, Inc.

350 South 13ᵗʰ Street,
Waco, TX 76701
Tel : 254-750-9049
Fax : 254-750-9053

**The Trade Bureau
American Embassy
P. O. Box 9999,
Sultanate of Oman**

May 5, 1999

Gentlemen :

The Commercial Attaché of the Omani embassy in Washington has advised us to contact you directly for information on export trade to his country.

Our company manufactures heavy-duty truck engines designed to withstand the most extreme topographical and climatic conditions. We therefore believe our products are ideally suited to the Omani environment. A check with Customs has shown that no American equipment of this kind has ever been sold to Oman, but that Indian and British firms have so far been the main suppliers.

We enclose 10 copies of our catalogs, specification sheets and references. We would appreciate it if you would advise us on the best ways to break into this market — agents, distributors, etc. I would personally be prepared to visit the country on a fact-finding trip at 48 hours' notice.

Thanking you in advance,

Sincerely yours,
L. B. Shelby

C.E.O. encs.

The following letter, requesting information, closely resembles the customer enquiries presented in Section 1. The exporter, in order to obtain the information he needs, must give a good deal of information about his own company and products.

USEFUL EXPRESSIONS

☞ We hope to find a local agent to act on our behalf.

☞ In particular, we wish to know whether it would be possible for us to sell directly to government departments and oil companies.

☞ Could you recommend someone to conduct a field survey to determine the exact nature of the market for our particular products?

☞ Any other information you can provide will be greatly appreciated.

PC SUPERNOVA EXPO

2000 Providence Highway,
P.O. Box 7219, Norwood MA 02062
Fax : 781-440-3630
E-mail : www.universeexpo.com.

El Director
ROM.COM INTERNATIONAL
4400 Pinewood Drive,
Dickson, Texas 77539

7 de mayo de 1999

Estimado Sr. Director,

Si usted depende de un ordenador PC para hacer el trabajo con mayor rapidez, para estar en contacto con sus amigos y compañeros, para transformar sus mejores ideas en acciones, no puede permitirse el lujo de perderse el mayor acontecimiento que le acerca al universo del ordenador personal.

Únicamente en la EXPO SUPERNOVA PC podrá usted ver y probar miles de productos de primera mano... aprender de los expertos en Ordenadores Personales a través de conferencias y talleres... hablar con otros usuarios y vendedores de PCs... y mantenerse en la vanguardia de los nuevos desarrollos que pueden influir en sus decisiones empresariales. Sabrá cómo las empresas más innovadoras dan rienda suelta a todo el poder de los PCs.

Venga y evalúe las soluciones para ahorrar costes en:
- Publicidad, entretenimiento y multimedia.
- Diseño de la Web y navegación por Internet.
- Trabajo en redes, intranet y conectividad dentro de la compañía.
- Educación
- Negocios y teletrabajo

¡Si el PC forma parte de su negocio, la EXPO UNIVERSE PC es su cordón umbilical! La EXPO PC SUPERNOVA es el mayor acontecimiento para los PC en la industria, y las espectaculares presentaciones de software programadas para 1999 pueden hacer que el acontecimiento de este año sea el más emocionante de todos. Vea los productos más recientes y eche un vistazo al interior de la industria del PC. Apúntese para asistir hoy mismo cumplimentando el impreso adjunto y enviándolo por fax o e-mail a EXPO SUPERNOVA PC

Atentamente,

Morton F. Kaplan
KIP Expo Management Co.

La siguiente carta se puede comparar al mailing y a las cartas de ventas presentadas en la Sección 3. Observen, sin embargo, el ritmo animado, la gran informalidad en el idioma y la puntuación (contracciones, puntos, signos de exclamación), y la hipérbole en general - más típica del mundo un tanto ordinario de la publicidad que del mundo conservador de la correspondencia comercial.

PC SUPERNOVA EXPO

2000 Providence Highway,
P.O. Box 7219, Norwood MA 02062
Fax : 781-440-3630
E-mail : www.universeexpo.com.

**The Manager
ROM.COM INTERNATIONAL
4400 Pinewood Drive,
Dickinson, Texas 77539**

May 7th, 1999

Dear Manager,

If you depend on a PC to get your work done faster, to stay connected with colleagues and friends, and turn your best ideas into action, then you can't afford to miss the largest event that brings you the universe of the personal computer.

Only at PC SUPERNOVA EXPO can you see and try thousands of products first-hand... learn from PC experts through conferences and workshops... talk with other PC users and vendors... and stay on top of new developments that could impact your business decisions. You'll gain valuable insights into how innovative companies are unleashing the power of the PC.

Come evaluate cost-saving solutions for :
- Publishing, entertainment and multimedia
- Web site design and Internet navigation
- Networking, intranets and company-wide connectivity
- Education and R&D
- Business and telecommuting.

If the PC is part of your business, PC UNIVERSE EXPO is your lifeline! PC SUPERNOVA EXPO is the industry's premier PC event, and dramatic software introductions scheduled for 1999 may make this year's event the most exciting ever. See the hottest new products and get the inside view of the PC industry. Register to attend today by completing the enclosed form and faxing or e-mailing it to PC SUPERNOVA EXPO!

Sincerely,

Morton F. Kaplan
KIP Expo Management Co.

The following letter can be compared to the mailshot and sales letter presented in Section 3. Note, however, the upbeat tempo, the great informality of language and punctuation (contractions, dots, exclamation marks), and general hyperbole — more typical of the brash world of advertising than of the conservative world of business correspondence.

Davies and Associates
Management Center

6700 Central Avenue,
Lexington, Kentucky 40502-8772

American Compressors Co.,
3300 Rush Street,
Chicago, IL 60610
Atención: Director General

6 de agosto de 1999

Muy Sr. mío:

Siendo la suya una compañía con unas importantes inversiones e intereses comerciales en el Lejano Oriente, su empresa podría beneficiarse en gran medida participando en nuestra mesa redonda sobre «El Comercio en el Sudeste Asiático Hoy» que tendrá lugar en el hotel Dynasty de Singapur del 16 al 19 de septiembre.

Se le invita cordialmente a unirse a un selecto grupo de empresarios pertenecientes a diversas compañías de Estados Unidos y de Europa que operan en el área.

Adjunto encontrará el programa, en el que figuran únicamente los conferenciantes que han confirmado su asistencia, así como una lista de las compañías que ya han inscrito a uno o varios empresarios al evento.

En el caso de que esté usted interesado, tenga la amabilidad de cumplimentar el impreso adjunto, indicando el número de delegados que desea enviar y si necesitarán habitaciones en el Dynasty (o bien en otro hotel de categoría similar). En lo que a mi respecta, estaré a su disposición para responder a cualquier pregunta que desee formular.

Esperando darle la bienvenida a la mesa redonda, le saluda atentamente.

Elmore V. Higgins
Organizador de Conferencias

Con el fin de contrastar con la carta 15.5, esta es una invitación a un evento mucho más importante, una mesa redonda o una conferencia de empresarios. El tono, comedido y discreto, no debe disimular el hecho de que esta carta, como la última, es esencialmente un intento de venta.

EXPRESIONES ÚTILES

☞ G.R.F. celebrará su tercer congreso internacional anual en Kansas City del 20 al 25 de julio. Pensamos que podrían estar ustedes interesados en asistir.
☞ Hemos lanzado un nuevo programa seminario para empresarios, «La Tecnología de la Gestión Moderna», que analiza los problemas con los que se enfrentan actualmente los directivos.

Davies and Associates
Management Center

6700 Central Avenue,
Lexington, Kentucky 40502-8772

American Compressors Co.,
3300 Rush Street,
Chicago, IL 60610
Attn: Managing Director

August 6, 1999

Sir,

As a company with substantial investment and trading interests in the Far East, your firm could greatly benefit from participating in our round table on "SE. Asian Trade Today" to be held at the Dynasty Hotel, Singapore from September 16 through September 19.

You are cordially invited to join a select group of board-level executives from a variety of U.S. and E.U. companies operating in the area.

Enclosed you will find the program, featuring only the confirmed speakers, as well as a list of companies that have already registered one or more executives for the event.

If you are interested, kindly fill in the attached form, stating how many delegates you wish to send and whether or not they will require accommodation at the Dynasty (or, failing that, at another hotel of similar standard). I shall, of course, be only too pleased to answer any further questions that you may have.

I look forward to welcoming you to the round table.

Sincerely yours,

Elmore V. Higgins
Conference Organizer

By way of contrast with 15.5, here is an invitation to a much more upmarket event, an executive round table or conference. The tone, restrained, discreet, should not disguise the fact that this letter, like the last, is essentially a sales pitch.

USEFUL
EXPRESSIONS

▣ G.R.F. will be holding its third annual international congress in Kansas City from July 20 through July 25. We thought you might be interested in attending.
▣ We are launching a new executive seminar program, "Technology for Modern Management", dealing with the critical issues facing today's managers.

Wholesale Health Co.

430 N. High Street, P. O. Box 841
Columbus, Ohio 43085
Phone : 380-1616 — Fax : 380-7022

Mr. Enrique Villarroel
Diector Comercial
Infografica
Calle Tenochtitlan, 855
Mexico D.F.

6 de marzo de 1999

Estimado Sr. Villarroel:

Un empresario español conocido mío me ha facilitado su nombre, recomendando su compañía como una agencia muy eficiente especializada en llevar a cabo estudios de mercado y en asesorar a compañías estadounidenses que desean exportar a Méjico.

Como verá usted en los folletos e informes adjuntos, el nuestro es un negocio familiar de tamaño medio con una gama de productos orientados al mercado de los alimentos naturales. Nuestro objetivo inmediato es obtener información de primera mano sobre el mercado mejicano para estos productos en general y para el sector de cereales para el desayuno en particular. Nos gustaría recibir una información completa sobre el tamaño del mercado, la competencia, etc. El informe deberá estar listo antes de seis meses.

Le rogamos se ponga en contacto con nosotros a la mayor brevedad si creen que pueden llevar a cabo dicho estudio de forma que podamos reunirnos lo antes posible para hablar del asunto con todo detalle.

Aprovecho la ocasión para saludarles atentamente.

Anne McCann
Directora Comercial

Cuando una compañía desea penetrar en un nuevo mercado, lanzar un nuevo producto, aumentar su participación en el mercado, o simplemente permanecer competitiva, es imprescindible conseguir primero una información completa y exacta sobre la situación del mercado. En otras palabras, se debe llevar a cabo un estudio de mercado. En el siguiente ejemplo, una compañía estadounidense se dirige a una agencia especializada en llevar a cabo tales estudios.

EXPRESIONES ÚTILES

☞ Nos gustaría saber lo que piensan ustedes de nuestros productos y si satisfacen sus necesidades.

☞ ¿Estaría usted interesado en encontrar el tipo de producto que figura en el folleto adjunto en los supermercados de su país?

Wholesale Health Co.

430 N. High Street, P. O. Box 841
Columbus, Ohio 43085
Phone : 380-1616 — Fax : 380-7022

Mr. Enrique Villarroel
Diector Comercial
Infografica
Calle Tenochtitlan, 855
Mexico D.F.March

March 6th, 1999

Dear Mr. Villarroel :

Your name has been given to us by business colleagues in Spain, recommending your company as an efficient market research agency specializing in providing advice to US companies hoping to export to Mexico.

As you will see from the enclosed brochures and reports, ours is a medium-sized family business with a range of products for the health food market. Our immediate objective is to obtain first-hand information on the Mexican market for these products in general and for the breakfast cereal segment in particular. We would like a thorough report on market size, competition and so on. The report should be ready within six months.

Please contact us rapidly if you feel able to handle such a survey so that we can meet to discuss the brief in detail as soon as possible.

Sincerely,

Anne McCann
Marketing Manager

When a company wishes to penetrate a new market, launch a new product, increase its market share, or simply remain competitive, it is imperative that it first obtain complete and accurate information about the state of the market. In short, a survey must be carried out. In the following example, a US company approaches an agency specializing in conducting such surveys.

USEFUL EXPRESSIONS

☞ We would like to know what you think of our products and whether they meet your requirements.

☞ Would you be interested in finding the type of product shown on the enclosed leaflet in your country's supermarkets ?

Infografica

Calle Tenochtitlan, 855
Mexico D.F.

Sra. Anne McCann
Directora Comercial
Wholesale Health Co.
430 N. High Street, P.O. Box 841
Columbus, Ohío 433085

12 de agosto de 1998

Estimada Sra. McCann

Tenemos el agrado de presentarle los resultados de nuestras investigaciones en el mercado de los alimentos naturales. Recordará usted que en las condiciones de referencia, nos dio instrucciones para que le informáramos sobre tres asuntos principales: el tamaño total del mercado, las tendencias actuales y las compañías que están ya en el mercado y que harían una competencia directa a sus productos en Méjico.

En términos generales, pensamos que, a pesar de haber permanecido estático durante varios años, el mercado está actualmente en expansión. Hay siete grandes empresas que están operando actualmente, de las cuales una de ellas abarca el 40% del mercado. Sin embargo, Wholesale Health Co. vende una serie de productos que no existen aquí y que podrían llenar un hueco prometedor.

Nuestra recomendación es que ustedes deben entrar en el mercado vendiendo directamente a través de sus distribuidores habituales a las cadenas de supermercados e hipermercados. Consideramos que sus productos tienen todas las posibilidades de éxito.

Adjunto encontrarán un informe detallado de nuestras investigaciones, incluyendo detalles de los precios al por menor y a mayoristas. Naturalmente, si tienen ustedes alguna duda, quedamos a su entera disposición.

Muy atentamente.

Enrique Villarroel

La carta siguiente, que acompaña al informe detallado en el que figuran los resultados del estudio de mercado, concluye el proceso que se inició en la carta 15.7. Proporciona un resumen muy básico del informe, mencionando (1) las instrucciones o los términos de referencia originales, (2) las principales averiguaciones y (3) las recomendaciones de la empresa de Estudios de Mercado.

EXPRESIONES ÚTILES

⊡ Como éste es un producto totalmente nuevo y con características muy específicas, no tendrán ningún tipo de competencia.

⊡ Creemos que una máquina de este tipo tiene enormes posibilidades.

Infografica

Calle Tenochtitlan, 855
Mexico D.F.

Ms. Anne McCann,
Marketing Manager,
Wholesale Health Co.
430 N. High Street, P. O. Box 841
Columbus, Ohio 43085

August 12, 1998

Dear Ms. McCann,

We have pleasure in presenting the results of our researches into the health food market. You will recall that in your terms of reference you instructed us to report on three main subjects : on the overall size of the market, on present trends, and on the companies which are currently supplying the market and which would be your direct competitors if you were to launch your products in Mexico.

In general terms we find that, though static for several years, the market is now expanding. There are seven major firms presently operating, one of which holds 40% of the trade. However, the Wholesale Health Co. sells a number of products which are not available here at all and which might well fill a promising gap.

Our recommendation is that you should enter the market by selling directly through your existing sales force to supermarket and hypermarket chains. We consider that your particular products have every chance of success.

Attached you will find a detailed account of our researches, including details of retail and wholesale pricing. Naturally, if you have any queries, we remain at your entire disposal.

Sincerely,

Enrique Villarroel

The following letter, which accompanies the detailed report showing the results of the market survey, concludes the process initiated in 15.7. It provides the most basic summary of the report itself, mentioning (1) the original brief or terms of reference, (2) the main findings, and (3) the recommendations of the Market Research organization.

USEFUL EXPRESSIONS

☞ As this is a totally new product with specific features, you will have no competitors at all.
☞ We feel that a machine of this kind has tremendous possibilities.

Peters Management Centre

1900 Marshall Street
Shreveport Louisiana 71101
Tel : (318) 424-9961· Fax : (318) 424-9967
http.//www.petersmc.com

Dench Developments
575 Grant Avenue
Shreveport Louisiana 71012

14 de noviembre de 1998

Muy Sres. nuestros,

Hemos leído con mucho interés su anuncio en el «Louisiana Gazette» de ayer, en el que ofrecían un espacio de 1.000 m2 para oficinas.

Actualmente estamos buscando una nueva ubicación para nuestras oficinas centrales con el fin de instalar nuestros servicios administrativos principales. Necesitaríamos espacio para unas 20 oficinas, así como varias zonas abiertas para utilizar como áreas de recepción y secretaría. Como Presley Tower es un edificio prestigioso y bien situado, creemos que puede ser la respuesta a nuestras necesidades.

Indican ustedes en su anuncio que pueden suministrar el mobiliario de oficina y el equipo según las especificaciones del cliente, así como diferentes servicios empresariales. Les rogamos nos confirmen esta información de manera que podamos concertar una visita al edificio para ver si deseamos seguir adelante con el asunto.

Le saluda atentamente.

Andrew Porter
por Peters Management Centre

Esta carta es básicamente una demanda de oferta por parte de un cliente, aunque lo que se necesite no es ni un servicio ni un producto, sino un local para oficinas. Como cualquier otra demanda de oferta, el remitente indica su fuente de información y sus necesidades, e invita al destinatario a ponerse en contacto con él.

EXPRESIONES ÚTILES

☞ Nuestra compañía está en fase de expansión y nuestra fábrica actual se está haciendo demasiado pequeña para hacer frente al incremento de la producción.
☞ Hemos decidido ampliar nuestra planta actual.
☞ Ya se han dibujado planos que han sido remitidos al Inspector de Edificios.
☞ Hemos hecho venir a un arquitecto que está trazando los planos.

Peters Management Centre

1900 Marshall Street
Shreveport Louisiana 71101
Tel : (318) 424-9961· Fax : (318) 424-9967
http.//www.petersmc.com

Dench Developments
575 Grant Avenue
Shreveport Louisiana 71012

November 14, 1998

Gentlemen :

We were interested to read your advert in yesterday's "Louisiana Gazette", offering 1,000 m^2 of office accommodation.

We are currently looking for a new head office location to accommodate our principal administrative services. We will need to provide for approximately 20 offices, as well as several open-plan spaces for secretarial and reception areas. As Presley Tower is a well-situated and prestigious building, we feel it may suit our requirements.

You indicate in your advertisement that you can supply office furniture and equipment to the customer's specifications, as well as various related business services. Please confirm this information so that we may arrange to visit the building and see if we wish to take the matter further.

Sincerely,

Andrew Porter
for Peters Management Centre

This letter is again, essentially, a customer enquiry, although the commodity is neither a service nor a product, but office space. As with any enquiry, the writer states his source and his needs, and invites the reader to contact him.

USEFUL EXPRESSIONS

☞ Our company is expanding and our present factory is rapidly becoming too small to cope with the increase in production.
☞ We have decided to build an extension to our present plant.
☞ Plans have been drawn up and sent to the Building Inspector.
☞ We have called in an architect and he is now drawing up plans.

Dench Developments

575 Grant Avenue · Shreveport Louisiana 71012
Tel : (318) 424-8362· Fax : (318) 424-8363

**Peters Management Centre
1900 Marshall Street,
Shreveport Louisiana 71101**

16 de noviembre de 1998

Estimado Sr. Porter:

Agradecemos su carta del 14 de noviembre en la que solicitan información sobre los locales para oficinas en la nueva Presley Tower. En este momento tenemos disponible la superficie que usted necesita y estaríamos encantados de ponerla a su disposición.

En Dench Developments estamos especializados en todas las cuestiones relacionadas con las instalaciones y el mobiliario de oficina. Tenemos en exclusiva la patente de los nuevos tabiques móviles «Slide'n'hide», gracias a los cuales no tendremos ninguna dificultad para proporcionarles el número de oficinas que necesiten, dispuestas a su conveniencia. Estos tabiques de oficina revolucionarios están hechos con un plástico nuevo ultra ligero y muy resistente que contiene un núcleo de fibra de vidrio, asegurando a cada unidad un alto grado de insonorización. Todos los pisos de la Presley Tower están equipados para poder instalar los tabiques «Slide'n'hide» u otras marcas de tabiques para oficina.

La Presley Tower no es únicamente el edificio más nuevo y prestigioso del centro de Shreveport, sino que ha sido diseñado desde un principio para dar respuesta a las necesidades de la empresa moderna. Situada en un lugar céntrico con buenos transportes públicos, tiene su propio aparcamiento subterráneo y su estación servicio, un servicio de reserva de billetes durante las 24 horas del día, una recepción centralizada que garantiza una inmejorable acogida a sus visitantes y muchos otros servicios.

Todo esto está a su disposición a un alquiler ligeramente más alto que en la mayoría de los edificios normales de oficina. Si está usted interesado, tendremos mucho gusto en hablar con usted sobre sus problemas particulares de instalación y ayudarle a establecer un inventario de las máquinas y muebles de oficina que pueda Vd. necesitar.

Llame al 424-8362 para concertar una cita con uno de nuestros asesore y para visitar la Presley Tower.

Atentamente.

Charlton J. Judd
Coordinador de Proyectos

Esta carta es una respuesta a la demanda de información de la 15.9. Contesta a las preguntas formuladas en la solicitud de información y añade otros detalles importantes (aunque no haya sido solicitados) sobre los tabiques. No es de extrañar que tenga todos los elementos de un clásico intento de venta (véase sección 3)

Dench Developments

575 Grant Avenue · Shreveport Louisiana 71012
Tel : (318) 424-8362 · Fax : (318) 424-8363

Peters Management Centre
1900 Marshall Street,
Shreveport Louisiana 71101

November 16, 1998

Dear Mr. Porter,

Thank you for your letter of November 14 enquiring about office space in the new Presley Tower. We have at the moment the surface area you require available and would be delighted to place it at your disposal.

At Dench Developments, we specialize in all questions relating to office installations and furniture. We hold exclusive patents on the new "Slide'n'hide" mobile partitioning, thanks to which we will have no difficulty at all in providing you with the number of office units you need, arranged as you see fit. These revolutionary office partitions are made from a new ultra-light, highly resistant plastic containing a glass fiber core. This gives each unit a high level of soundproofing. All the floors of the Presley Tower are fitted to take "Slide'n'hide" or other brands of office partitioning.

The Presley Tower is not only the newest, most prestigious building on the Shreveport skyline, it has been thought out from start to finish to meet the needs of modern business. Centrally situated for public transport, it has its own extensive underground car park and service station, a 24 hour ticket reservation service, a centralized reception facility guaranteeing the very best welcome to your visitors, and a host of other services.

All this is at your disposal for a rental only slightly higher than in most other ordinary office blocks. If what you have read interests you, we will be glad to discuss your particular installation problems with you, and assist you in drawing up an inventory of office machines and furniture, at your convenience.

Just call 424-8362 to arrange an appointment with one of our advisors and to visit the Presley Tower.

Sincerely,

Charlton J. Judd
Project Coordinator

This letter is in reply to the enquiry in 15.9. It answers the questions raised in the enquiry and adds other relevant (although unrequested) details about the partitioning. Not surprisingly, it has all the elements of the classic sales pitch (See Section 3).

Other titles

Complementary books:

Elementary Tests · 3 levels
Advanced Tests · 2 levels
Bilingual Phrases · 5 levels
Bilingual Translations · 5 levels
Fill in the gaps · 3 levels
Guide to Prepositions (English to Spanish)
Guide to Prepositions - **exercises**
Guide to Phrasal Verbs
Phrasal Verbs - **exercises**
English Verbs one by one
My English telltale
Conversation in Action · Let's Talk (for teachers)

Grammar:

English Grammar · 3 levels

Entertainment:

Didactical crosswords

Reading:

Graded reading - French

Textbooks:

Stanley · 3 levels
Stanley, book of exercises
Stanley, Teacher's book

Others:

Traveller's Guide for English - French - Italian - German.

Business:

Bilingual Business Letters
· English - Spanish
· Italian - Spanish